新型建造方式与工程项目管理创新丛书　分册6

"一带一路"建设与国际工程项目管理

孙丽丽　主　编
张宝海　白玉强　卫　刚　李剑如　副主编

中国建筑工业出版社

图书在版编目（CIP）数据

"一带一路"建设与国际工程项目管理／孙丽丽主编；张宝海等副主编．—北京：中国建筑工业出版社，2021.12

（新型建造方式与工程项目管理创新丛书；分册6）

ISBN 978-7-112-26771-2

Ⅰ.①一… Ⅱ.①孙…②张… Ⅲ.①国际承包工程－工程项目管理 Ⅳ.① F746.18

中国版本图书馆 CIP 数据核字（2021）第 211093 号

"一带一路"是构建人类命运共同体的伟大实践。在"一带一路"建设背景下，国际工程项目管理创新成为工程建设企业绿色低碳和高质量发展的必然要求。增强国际市场竞争实力、服务国家对外开放新格局是工程建设企业的时代责任和历史使命。本书系统地阐述了"一带一路"倡议提出的历史背景、"一带一路"给建筑工程行业带来的机遇和挑战，梳理了国际工程项目管理要素，并结合具体的国际工程案例详细阐述了项目管理方面的新理念、新做法、新启示。

本书可供从事国际工程承包市场开拓和工程建设的工程管理与技术人员、研究人员、高校师生学习参考。

责任编辑：毕凤鸣
责任校对：刘梦然
校对整理：张辰双

新型建造方式与工程项目管理创新丛书　分册6
"一带一路"建设与国际工程项目管理
孙丽丽　主　编
张宝海　白玉强　卫　刚　李剑如　副主编

*

中国建筑工业出版社出版、发行（北京海淀三里河路9号）
各地新华书店、建筑书店经销
北京建筑工业印刷有限公司制版
北京富诚彩色印刷有限公司印刷

*

开本：787毫米×1092毫米　1/16　印张：9½　字数：173千字
2023年9月第一版　　2023年9月第一次印刷
定价：**49.00**元
ISBN 978-7-112-26771-2
（38591）

版权所有　翻印必究
如有内容及印装质量问题，请联系本社读者服务中心退换
电话：（010）58337283　QQ：2885381756
（地址：北京海淀三里河路9号中国建筑工业出版社604室　邮政编码：100037）

课题研究及丛书编写指导委员会

顾　问：毛如柏　第十届全国人大环境与资源保护委员会主任委员
　　　　孙永福　原铁道部常务副部长、中国工程院院士
主　任：张基尧　国务院原南水北调工程建设委员会办公室主任
　　　　孙丽丽　中国工程院院士、北京市科学技术协会副主席
副主任：叶金福　西北工业大学原党委书记
　　　　顾祥林　同济大学副校长、教授
　　　　王少鹏　山东科技大学副校长
　　　　刘锦章　中国建筑业协会副会长兼秘书长
委　员：校荣春　中国建筑第八工程局有限公司原董事长
　　　　田卫国　中国建筑第五工程局有限公司党委书记、董事长
　　　　张义光　陕西建工控股集团有限公司党委书记、董事长
　　　　王　宏　中建科工集团有限公司党委书记、董事长
　　　　王曙平　中国水利水电第十四工程局有限公司党委书记、董事长
　　　　张晋勋　北京城建集团有限公司副总经理
　　　　宫长义　中亿丰建设集团有限公司党委书记、董事长
　　　　韩　平　兴泰建设集团有限公司党委书记、董事长
　　　　高兴文　河南国基建设集团公司董事长
　　　　李兰贞　天一建设集团有限公司总裁
　　　　袁正刚　广联达科技股份有限公司董事长、总裁
　　　　韩爱生　新中大科技股份有限公司总裁
　　　　宋　蕊　瑞和安惠项目管理集团董事局主席
　　　　李玉林　陕西省工程质量监督站二级教授

周金虎	宏盛建业投资集团有限公司董事长
杜　锐	山西四建集团有限公司董事长
笪鸿鹄	江苏苏中建设集团董事长
葛汉明	华新建工集团有限公司副董事长
吕树宝	正方圆建设集团董事长
沈世祥	江苏江中集团有限公司总工程师
李云岱	兴润建设集团有限公司董事长
钱福培	西北工业大学教授
王守清	清华大学教授
成　虎	东南大学教授
王要武	哈尔滨工业大学教授
刘伊生	北京交通大学教授
丁荣贵	山东大学教授
肖建庄	同济大学教授

课题研究及丛书编写委员会

主　任：肖绪文　中国工程院院士、中国建筑集团首席专家
　　　　　吴　涛　中国建筑业协会原副会长兼秘书长、山东科技大学特聘教授
副主任：贾宏俊　山东科技大学泰安校区副主任、教授
　　　　　尤　完　北京工程管理科学学会副理事长、中建协建筑业
　　　　　　　　　高质量发展研究院副院长、北京建筑大学教授
　　　　　白思俊　中国（双法）项目管理研究委员会副主任、西北工业大学教授
　　　　　李永明　中国建筑第八工程局有限公司党委书记、董事长
委　员：赵正嘉　南京市住房城乡和建设委员会原副主任

徐　坤	中建科工集团有限公司总工程师
刘明生	陕西建工控股集团有限公司党委常委、董事、副总经理
王海云	黑龙江建工集团公司顾问总工程师
王永锋	中国建筑第五工程局华南公司总经理
张宝海	中石化工程建设有限公司EPC项目总监
李国建	中亿丰建设集团有限公司总工程师
张党国	陕西建工集团创新港项目部总经理
苗林庆	北京城建建设工程有限公司党委书记、董事长
何　丹	宏盛建业投资集团公司总工程师
李继军	山西四建集团有限公司副总裁
陈　杰	天一建设集团有限公司副总工程师
钱　红	江苏苏中建设集团股份有限公司副总裁
蒋金生	浙江中天建设集团总工程师
安占法	河北建工集团有限公司总工程师
李　洪	重庆建工集团副总工程师
黄友保	安徽水安建设集团股份有限公司总经理
卢昱杰	同济大学土木工程学院教授
吴新华	山东科技大学工程造价研究所所长

课题研究与丛书编写委员会办公室

主　任：贾宏俊　尤　完
副主任：郭中华　李志国　邓　阳　李　琰
成　员：朱　彤　王丽丽　袁金铭　吴德全

丛书总序

2021年是中国共产党成立100周年，也是"十四五"期间全面建设社会主义现代化国家新征程开局之年。在这个具有重大历史意义的年份，我们又迎来了国务院五部委提出在建筑业学习推广鲁布革工程管理经验进行施工企业管理体制改革35周年。

为进一步总结、巩固、深化、提升中国建设工程项目管理改革、发展、创新的先进经验和做法，按照党和国家统筹推进"五位一体"总体布局，协调推进"四个全面"战略布局，全面实现中华民族伟大复兴"两个一百年"奋斗目标，加快建设工程项目管理资本化、信息化、集约化、标准化、规范化、国际化，促进新阶段建筑业高质量发展，以适应当今世界百年未有之大变局和国内国际双循环相互促进的新发展格局，积极践行"一带一路"建设，充分彰显建筑业在经济社会发展中的基础性作用和当代高科技、高质量、高动能的"中国建造"实力，努力开创我国建筑业无愧于历史和新时代新的辉煌业绩。由山东科技大学、中国亚洲经济发展协会建筑产业委员会、中国（双法）项目管理研究专家委员会发起，会同中国建筑第八工程局有限公司、中国建筑第五工程局有限公司、中建科工集团有限公司、陕西建工集团有限公司、北京城建建设工程有限公司、天一控股有限公司、河南国基建设集团有限公司、山西四建集团有限公司、广联达科技股份有限公司、瑞和安惠项目管理集团公司、苏中建设集团有限公司、江中建设集团有限公司等三十多家企业和西北工业大学、中国科学院大学、同济大学、北京建筑大学等数十所高校联合组织成立了《中国建设工程项目管理发展与治理体系创新研究》课题研究组和《新型建造方式与工程项目管理创新丛书》编写委员会，组织行业内权威专家学者进行该课题研究和撰写重大工程建造实践案例，以此有效引领建筑业绿色可持续发展和工程建设领域相关企业和不同项目管理模式的创新发展，着力推动新发展阶段建筑业转变发展方式与工程项目管理的优化升级，以实际行动和优秀成果庆祝中国共产党成立100周年。

我有幸被邀请作为本课题研究指导委员会主任委员，很高兴和大家一起分享了课题研究过程，颇有一些感受和收获。该课题研究注重学习追踪和吸收国内外业内专家学者研究的先进理念和做法，归纳、总结我国重大工程建设的成功经验和国际工程的建设管理成果，坚持在研究中发现问题，在化解问题中深化研究，体现了课题团队深入思考、合作协力、用心研究的进取意识和奉献精神。课题研究内容既全面深入，又有理论与实践相结合，其实效性与指导性均十分显著。

一是坚持以习近平新时代中国特色社会主义思想为指导，准确把握新发展阶段这个战略机遇期，深入贯彻落实创新、协调、绿色、开放、共享的新发展理念，立足于构建以国内大循环为主题、国内国际双循环相互促进的经济发展势态和新发展格局，研究提出工程项目管理保持定力、与时俱进、理论凝练、引领发展的治理体系和创新模式。

二是围绕"中国建设工程项目管理创新发展与治理体系现代化建设"这个主题，传承历史、总结过去、立足当代、谋划未来。突出反映了党的十八大以来，我国建筑业及工程建设领域改革发展和践行"一带一路"国际工程建设中项目管理创新的新理论、新方法、新经验。重点总结提升、研究探讨项目治理体系现代化建设的新思路、新内涵、新特征、新架构。

三是回答面向"十四五"期间向第二个百年奋斗目标进军的第一个五年，建筑业如何应对当前纷繁复杂的国际形势、全球蔓延的新冠肺炎病毒带来的严峻挑战和激烈竞争的国内外建筑市场，抢抓新一轮科技革命和产业变革的重要战略机遇期，大力推进工程承包，深化项目管理模式创新，发展和运用装配式建筑、绿色建造、智能建造、数字建造等新型建造方式提升项目生产力水平，多方面、全方位推进和实现新阶段高质量绿色可持续发展。

四是在系统总结提炼推广鲁布革工程管理经验35年，特别是党的十八大以来，我国建设工程项目管理创新发展的宝贵经验基础上，从服务、引领、指导、实施等方面谋划基于国家治理体系现代化的大背景下"行业治理—企业治理—项目治理"多维度的治理现代化体系建设，为新发展阶段建设工程项目管理理论研究与实践应用创新及建筑业高质量发展提出了具有针对性、实用性、创造性、前瞻性的合理化建议。

本课题研究的主要内容已入选住房和城乡建设部2021年软科学技术计划项目，并以撰写系列丛书出版发行的形式，从十多个方面诠释了课题全部内容。我认为，该研究成果有助于建筑业在全面建设社会主义现代化国家的新征程中立足新发展阶段，贯彻新发展理念，构建新发展格局，完善现代产业体系，进一步深化和创新工程项目管理理论研究和实践应用，实现供给侧结构性改革的质量变革、效率变革、动力变革，对新时代建筑业推进产业现代化、全面完成"十四五"规划各项任务，具有创新性、现实性的重大而深远的意义。

真诚希望该课题研究成果和系列丛书的撰写发行，能够为建筑业企业从事项目管理的工作者和相关企业的广大读者提供有益的借鉴与参考。

二〇二一年六月十二日

张基尧
中共第十七届中央候补委员，第十二届全国政协常委，人口资源环境委员会副主任
国务院原南水北调工程建设委员会办公室主任，党组书记（正部级）
曾担任鲁布革水电站和小浪底水利枢纽、南水北调等工程项目总指挥

丛书前言

改革开放40多年来，我国建筑业持续快速发展。1987年，国务院号召建筑业学习鲁布革工程管理经验，开启了建筑工程项目管理体制和运行机制的全方位变革，促进了建筑业总量规模的持续高速增长。尤其是党的十八大以来，在以习近平同志为核心的党中央坚强领导下，全国建设系统认真贯彻落实党中央"五位一体"总体布局和"四个全面"的战略布局，住房城乡建设事业蓬勃发展，建筑业发展成就斐然，对外开放度和综合实力明显提高，为完成投资建设任务和改善人民居住条件做出了巨大贡献。从建筑业大国开始走向建造强国。正如习近平总书记在2019年新年贺词中所赞许的那样：中国制造、中国创造、中国建造共同发力，继续改变着中国的面貌。

随着国家改革开放的不断深入，建筑业持续稳步发展，发展质量不断提升，呈现出新的发展特征：一是建筑业现代产业地位全面提升。2020年，建筑业总产值263 947.04亿元，建筑业增加值占国内生产总值的比重为7.18%。建筑业在保持国民经济支柱产业地位的同时，民生产业、基础产业的地位日益凸显，在改善和提高人民的居住条件生活水平以及推动其他相关产业的发展等方面发挥了巨大作用。二是建设工程建造能力大幅度提升。建筑业先后完成了一系列设计理念超前、结构造型复杂、科技含量高、质量要求严、施工难度大、令世界瞩目的高速铁路、巨型水电站、超长隧道、超大跨度桥梁等重大工程。目前在全球前10名超高层建筑中，由中国建筑企业承建的占70%。三是工程项目管理水平全面提升，以BIM技术为代表的信息化技术的应用日益普及，正在全面融入工程项目管理过程，施工现场互联网技术应用比率达到55%。四是新型建造方式的作用全面提升。装配式建造方式、绿色建造方式、智能建造方式以及工程总承包、全过程工程咨询等正在成为新型建造方式和工程建设组织实施的主流模式。

建筑业在取得举世瞩目的发展成绩的同时，依然还存在许多长期积累形成的疑难问题和薄弱环节，严重制约了建筑业的持续健康发展。一是建筑产业工人素质亟待提升。建筑施工现场操作工人队伍仍然是以进城务工人员为主体，管理难度加大，施工安全生产事故呈现高压态势。二是建筑市场治理仍需加大力度。建筑业虽然是最早从计划经济走向市场经济的领域，但离市场运行机制的规范化仍然相距甚远。挂靠、转包、串标、围标、压价等恶性竞争乱象难以根除，企业产值利润率走低的趋势日益明显。三是建设工程项目管理模式存在多元主体，各自为政，互相制约，工程实施主体责任不够明确，监督检查与工程实际脱节，严重阻碍了工程项目管理和工程总体质量协同发展提升。四是创新驱动发展动能不足。由于建筑业的发展长期依赖于固定资产投资的拉动，同时企业自身资金积累有限，因而导致科技创新能力不足。在新常态背景下，当经济发展动能从要素驱动、投资驱动转向创新驱动时，对于以劳动密集型为特征的建筑业而言，创新驱动发展更加充满挑战性，创新能力成为建筑业企业发展的短板。这些影响建筑业高质量发展的痼疾，必须要彻底加以革除。

目前，世界正面临着百年未有之大变局。在全球科技革命的推动下，科技创新、传播、应用的规模和速度不断提高，科学技术与传统产业和新兴产业发展的融合更加紧密，一系列重大科技成果以前所未有的速度转化为现实生产力。以信息技术、能源资源技术、生物技术、现代制造技术、人工智能技术等为代表的战略性新兴产业迅速兴起，现代科技新兴产业的深度融合，既代表着科技创新方向，也代表着产业发展方向，对未来经济社会发展具有重大引领带动作用。因此，在这个大趋势下，对于建筑业而言，唯有快速从规模增长阶段转向高质量发展阶段、从粗放型低效率的传统建筑业走向高质高效的现代建筑业，才能跟上新时代中国特色社会主义建设事业发展的步伐。

现代科学技术与传统建筑业的融合，极大地提高了建筑业的生产力水平，变革着建筑业的生产关系，形成了多种类型的新型建造方式。绿色建造方式、装配建造方式、智能建造方式、3D打印等是具有典型特征的新型建造方式，这些新型建造方式是建筑业高质量发展的必由路径，也必将有力推动建筑产业现代化的发展进程。同时还要看到，任何一种新型建造方式总是与一定形式的项目管理模式和项目治理体系相适应的。某种类型的新型建造方式的形成和成功实践，必然伴随着项目管理模式和项目治理体系的创新。例如，装配式建造方式是来源于施工工艺和技术的根本性变革而产生的新型建造方式，则在项目管理层面上，项目管理和项目治理的所有要素优化配置或知识集成融合都必须进行相应的变革、调整或创新，从而才能促使工程建设目标得以顺利实现。

随着现代工程项目日益大型化和复杂化，传统的项目管理理论在解决项目实施过程中的各种问题时显现出一些不足之处。1999年，Turner提出"项目治理"理论，把研究视角从项目管理技术层面转向管理制度层面。近年来，项目治理日益成为项目管理领域研究的热点。国外学者较早地对项目治理的含义、结构、机制及应用等问题进行了研究，取得了较多颇具价值的研究成果。国内外大多数学者认为，项目治理是一种组织制度框架，具有明确项目参与方关系与治理结构的管理制度、规则和协议，协调参与方之间的关系，优化配置项目资源，化解相互间的利益冲突，为项目实施提供制度支撑，以确保项目在整个生命周期内高效运行，以实现既定的管理战略和目标。项目治理是一个静态和动态相结合的过程：静态主要指制度层面的治理；动态主要指项目实施层面的治理。国内关于项目治理的研究正处于起步阶段，取得一些阶段性成果。归纳、总结、提炼已有的研究成果，对于新发展阶段建设工程领域项目治理理论研究和实践发展具有重要的现实意义。

党的十九届五中全会审议通过的《中共中央关于制定国民经济和社会发展第十四个五年规划和二〇三五年远景目标的建议》，着眼于第二个百年奋斗目标，规划了"十四五"乃至2035年间我国经济社会发展的目标、路径和主要政策措施，是指引全党、全国人民实现中华民族伟大复兴的行动指南。为了进一步认真贯彻落实党的十九届五中全会精神，准确把握新发展阶段，深入贯彻新发展理念，加快构建新发展格局，凝聚共识，团结一致，奋力拼搏，推动建筑业"十四五"高质量发展战略目标的实现，由山东科技大学、中国亚洲经济发展协会建筑产业委员会、中国（双法）项目管理研究专家委员会发起，会同中国建筑第八工程局有限公司、中国建筑第五工程局有限公司、中建科工集团有限公司、陕西建工集团有限公司、北京城建建设工程有限公司、天一控股有限公司、河南国基建设集团有限公司、山西四建集团有限公司、广联达科技股份有限公司、瑞和安惠项目管理集团公司、苏中建设集团有限公司、江中建设集团有限公司等三十多家企业和西北工业大学、中国科学院大学、同济大学、北京建筑大学等数十所高校联合组织成立了《中国建设工程项目管理发展与治理体系创新研究》课题，该课题研究的目的在于探讨在习近平新时代中国特色社会主义思想和党的十九大精神指引下，贯彻落实创新、协调、绿色、开放、共享的发展理念，揭示新时代工程项目管理和项目治理的新特征、新规律、新趋势，促进绿色建造方式、装配式建造方式、智能建造方式的协同发展，推动在构建人类命运共同体旗帜下的"一带一路"建设，加速传统建筑业企业的数字化变革和转型升级，推动实现双碳目标和建筑业高质量发展。为此，课题深入研究建设工程项目管理创新和项目治理体系的内涵及内容构成，着力探索工程总承包、全过程工程咨询等工程建设组织实施方式对新型建造方式的作用机制和有效路径，系统总结"一带一路"建设的国际化项目管理经验和创新举措，深入研讨项目生产力理论、数字化建筑、企业项目化管理的理论创新和实践应用，从多个层面上提出推动建筑业高质量发展的政策建议。该课题已列为住房和城乡建设部2021年软科学技术计划项目。课题研究成果除《建设工程项目管理创新发展与治理体系现代化建设》总报告之外，还有我们著的《建筑业绿色发展与项目治理体系创新研究》以及由吴涛著的《"项目生产力论"与建筑业高质量发展》，贾宏俊和白思俊著的《建设工程项目管理体系创新》，校荣春、贾宏俊和李永明编著的《建设项目工程总承包管理》，孙丽丽主编的《"一带一路"建设与国际工程项目管理》，王宏、卢昱杰和徐坤著的《新型建造方式与钢结构装配式建造体系》，袁正刚著的《数字建筑理论与实践》，宋蕊编著的《全过程工程咨询管理》《建筑企业项目化管理理论与实践》，张基尧和肖绪文主编的《建设工程项目管理与绿色建造案例》，尤完和郭中华著的《绿色建造与资源循环利用》《精益建造理论与实践》，沈兰康和张党国主编的《超大规模工程EPC项目集群管理》等10余部相关领域的研究专著。

  本课题在研究过程中得到了中国（双法）项目管理研究委员会、天津市建筑业协会、河南省建筑业协会、内蒙古自治区建筑业协会、广东省建筑业协会、江苏省建筑业协会、浙江省建筑施工协会、上海市建筑业协会、陕西省建筑业协会、云南省建筑业协会、南通市建筑业协会、南京市城乡建设委员会、西北工业大学、北京建筑大学、同济大学、中国科学院大学等数十家行业协会、行业主管部门、高等院校以及一百多位专家、学者、企业家的大力支持,在此表示衷心感谢。《中国建设工程项目管理发展与治理体系创新研究》课题研究指导委员会主任、国务院原南水北调办公室主任张基尧,第十届全国人大环境与资源保护委员会主任毛如柏,原铁道部常务副部长、中国工程院院士孙永福亲自写序并给予具体指导,为此向德高望重的三位老领导、老专家致以崇高的敬意!在研究报告撰写过程中,我们还参考了国内外专家的观点和研究成果,在此一并致以真诚谢意!

二〇二一年六月三十日

肖绪文

中国建筑集团首席专家,中国建筑业协会副会长、绿色建造与智能建筑分会会长,中国工程院院士。本课题与系列丛书撰写总主编。

本书前言

"一带一路"是"丝绸之路经济带"和"21世纪海上丝绸之路"的简称。2013年,习近平总书记提出了"一带一路"重大倡议,这是构建人类命运共同体的伟大实践。"一带一路"旨在依靠中国与有关国家既有的双多边机制,借助既有的、行之有效的区域合作平台,积极发展与沿线国家的经济合作伙伴关系,共同打造政治互信、经济融合、文化包容的利益共同体、命运共同体和责任共同体。

"一带一路"倡议在推动政策沟通、设施联通、贸易畅通、资金融通、民心相通的过程中,成为经济全球化的重要牵引力,也为中国工程建设企业走向国际市场提供了广阔的发展空间。在"一带一路"建设背景下,国际工程项目管理创新成为企业绿色低碳高质量发展的必然要求。本书系统地阐述了"一带一路"倡议提出的历史背景、"一带一路"给工程建设行业带来的机遇和挑战,梳理了国际工程项目管理要素,并结合具体的国际工程案例,详细阐述了工程项目管理方面的新理念、新做法、新启示。这些新理念、新做法、新启示能够助力更多工程建设企业成为世界一流国际工程建设公司,促进中国建造成为全球建筑市场最具有时代竞争力的品牌。

党的二十大报告指出:高质量发展是全面建设社会主义现代化国家的首要任务。要坚持以高质量发展为主题,推动共建"一带一路"高质量发展。展望未来,将有更多的建筑企业、工程设计企业、咨询服务企业参与共建"一带一路",开展国际工程承包合作,增强国际工程市场竞争实力、服务国家对外开放大局是工程建设企业的时代责任和历史使命。

本书在写作过程中得到中国建筑业协会、中国(双法)项目管理研究委员会、北京工程管理科学学会、中国石化工程建设有限公司、北京建筑大学、《绿色建造与智能建筑》杂志社有限公司、华胥智源（北京）管理咨询有限公司、中国建筑出版传媒有限公司等单位学者和专家的大力支持，在此深表谢意！

本书的部分内容引用了国内外同行专家的观点和研究成果，在此一并致谢！对书中的缺点和错误，敬请各位读者批评指正！

二〇二三年二月十日

目录

第1章 "一带一路"概述 ... 1

  1.1 "一带一路"倡议提出的时代背景 ... 1
    1.1.1 "一带一路"倡议的国际政治背景 ... 2
    1.1.2 "一带一路"倡议的国内经济背景 ... 2

  1.2 "一带一路"背景下建筑业存在的问题 ... 3
    1.2.1 "一带一路"倡议是建筑行业走过"拐点"的重要契机 ... 3
    1.2.2 "一带一路"倡议下建筑业跨国经营的现状 ... 4
    1.2.3 "一带一路"倡议下建筑业跨国经营面对的机遇 ... 5

  1.3 建筑企业在"一带一路"建设中面临的制约 ... 8
    1.3.1 沿线国家发展差距与建筑企业实力的矛盾 ... 8
    1.3.2 融资和资金紧张是建筑业外拓市场的瓶颈 ... 9
    1.3.3 复合型人才不足制约建筑企业"走出去"的速度 ... 9

  1.4 "一带一路"建设对中国建造"走出去"的要求 ... 10
    1.4.1 构建产业融合联动机制,提供多元投资融资模式 ... 10
    1.4.2 塑造国际化品牌,加快转型升级提升经营实力 ... 10
    1.4.3 提升资本运用能力,注入互联网概念 ... 11

第2章 "一带一路"推动工程项目管理国际化发展 ... 12

  2.1 经济全球化助推工程项目管理发展 ... 12
    2.1.1 经济全球化概述 ... 12
    2.1.2 经济全球化背景下中国工程项目管理发展状况 ... 13
    2.1.3 中国工程项目管理对经济全球化发展的贡献 ... 13
    2.1.4 经济全球化背景下中国工程项目管理发展对策 ... 15

2.2 中国工程项目管理"走出去"的挑战与机遇 …… 17
2.2.1 我国工程建设行业"走出去"现状与特点 …… 17
2.2.2 工程建设行业"走出去"的历史机遇 …… 18
2.2.3 工程承包业务发展面临的主要挑战与应对措施 …… 20
2.3 国家和行业层面对"一带一路"工程建设的政策支持 …… 22
2.3.1 高层引领推动 …… 22
2.3.2 签署合作框架 …… 23
2.3.3 完善政策措施 …… 24
2.3.4 发挥平台作用 …… 24
2.4 中国工程建设标准的国际化进程 …… 25
2.4.1 中国工程建设标准的地位和作用 …… 25
2.4.2 中国工程建设标准"走出去"的现状 …… 28
2.4.3 中国工程建设标准国际化前景展望 …… 35
2.4.4 中国建造国际化发展战略 …… 37

第3章 国际工程项目管理要素及发展趋势 …… 46
3.1 工程项目管理的概念 …… 46
3.1.1 工程项目管理的定义和分类 …… 46
3.1.2 工程项目管理成功的要求和要素 …… 47
3.2 国际工程项目管理特点及策划要素 …… 48
3.2.1 国际工程项目管理特点 …… 48
3.2.2 国际工程项目管理策划要素 …… 53
3.3 国际工程项目管理的原则 …… 53
3.3.1 全生命周期目标管理原则 …… 53
3.3.2 项目经理负责制及矩阵式管理原则 …… 54
3.3.3 项目统筹控制原则 …… 55
3.3.4 设计、采购、施工、试车统筹协调与深度交叉原则 …… 55
3.3.5 集中采购管理原则 …… 56
3.3.6 施工科学管理原则 …… 56
3.3.7 试车管理科学严谨原则 …… 56
3.3.8 项目集成化管理原则 …… 56
3.3.9 项目管理技术与工程技术发展相结合的原则 …… 57
3.4 VIP在工程项目管理中的应用 …… 57
3.4.1 价值工程的定义与特点 …… 57

		3.4.2 VIP 的内容与应用	58
	3.5	国际工程项目管理发展趋势	61
		3.5.1 国际工程项目管理一体化趋势	61
		3.5.2 国际工程项目管理专业化特征	61
		3.5.3 国际工程项目管理内容多样化	62
		3.5.4 国际工程项目管理人才高素质化	62
		3.5.5 国际工程项目管理集成化	62
		3.5.6 国际工程精益建造与廉洁管理成为新内容	62
	3.6	国际工程项目管理的核心要素	63
		3.6.1 国际工程项目的风险分析和投标报价	63
		3.6.2 国际工程项目以项目经理为核心的高效项目管理团队	65
		3.6.3 国际工程项目合同管理是履约主体	66

第4章 国际工程项目管理创新实践 69

	4.1	海外工程项目管理创新案例之一	69
		4.1.1 工程公司及项目概况	69
		4.1.2 项目管理组织机构	72
		4.1.3 工程项目特点及挑战	72
		4.1.4 项目管理策略与创新	76
		4.1.5 项目资源整合与集成化管理	89
		4.1.6 项目执行效果	96
		4.1.7 项目管理经验	97
	4.2	海外工程项目管理创新案例之二	100
		4.2.1 项目概况	100
		4.2.2 项目合同简介	101
		4.2.3 项目管理组织机构	101
		4.2.4 项目特点和难点	102
		4.2.5 项目管理策略与创新	103
		4.2.6 项目管理措施及效果	104
		4.2.7 项目启示和建议	109
	4.3	海外工程项目管理创新案例之三	111
		4.3.1 项目概况	111
		4.3.2 项目管理创新经验	112

第 5 章 "一带一路"建设经典案例简析 — 118

5.1 东非亚吉铁路项目 — 118
5.1.1 项目概述 — 118
5.1.2 工程管理措施 — 119
5.1.3 项目意义 — 120

5.2 莫桑比克马普托·卡腾贝大桥项目 — 121
5.2.1 项目概述 — 121
5.2.2 工程关键技术 — 122
5.2.3 项目意义 — 122

5.3 巴西美丽山水电站二期项目 — 123
5.3.1 项目概述 — 123
5.3.2 技术优势和建设难点 — 123
5.3.3 项目意义 — 125

结束语 — 126

参考文献 — 128

第 1 章
"一带一路"概述

"一带一路"（The Belt and Road，缩写 B&R）是"丝绸之路经济带"和"21 世纪海上丝绸之路"的简称。2013 年 9 月 7 日、10 月 3 日，中国国家主席习近平分别在哈萨克斯坦纳扎尔巴耶夫大学、印度尼西亚国会发表演讲，先后提出共同建设"丝绸之路经济带"与"21 世纪海上丝绸之路"，即"一带一路"的重大经济合作倡议。这是构建人类命运共同体的伟大实践，由理念变为行动，由愿景化为现实，促进发展，造福人民，"一带一路"建设在世界范围内广受欢迎和响应。截至 2022 年，182 个国家和国际组织与中国签订了 200 多份共建"一带一路"的合作文件。

2015 年 3 月 28 日，国家发展改革委、外交部、商务部联合发布了《推动共建丝绸之路经济带和 21 世纪海上丝绸之路的愿景与行动》。"一带一路"经济区开放后，承包工程项目突破 3000 个。2015 年，中国企业共对"一带一路"相关的 49 个国家进行了直接投资，投资额同比增长 18.2%。2015 年，中国承接"一带一路"相关国家服务外包合同金额 178.3 亿美元，执行金额 121.5 亿美元，同比分别增长 42.6% 和 23.45%。国铁集团数据显示，2022 年开行中欧班列 1.6 万列、发送 160 万标箱，同比分别增长 9%、10%。

开局好，起步实，成果丰硕。"一带一路"建设正行进在开拓和平、繁荣、开放、绿色、创新、文明之路的非凡征程上。

1.1 "一带一路"倡议提出的时代背景

当人类的步伐迈入 21 世纪之后，在以和平、发展、合作、共赢为主题的新时代，面对复苏乏力的全球经济形势，纷繁复杂的国际和地区局面，传承和弘扬丝绸之路精神更显重要和珍贵。共建"一带一路"顺应世界多极化、经济全球化、文化多样化、社会信息化的潮流，秉持开放的区域合作精神，致力于维护全球自由贸易体系和开放型世界经济。共建"一带一路"旨在促进经济要素有序自由流动、资源高效配置和市场深度融合，推动沿线各国实现经济政策协调，开展更大范围、更高水平、更深层次的区域合作，共同打造开放、包容、普惠、平衡、共赢的区域经济合作架构。

加快"一带一路"建设，有利于促进沿线各国经济繁荣与区域经济合作，加强不同文明交流互鉴，促进世界和平发展，是一项造福世界各国人民的伟大事业。

1.1.1 "一带一路"倡议的国际政治背景

从国际政治角度看，"一带一路"是以习近平同志为核心的党中央统筹国内国际两个大局，着眼于实现"两个一百年"奋斗目标和中华民族伟大复兴中国梦而提出的重大对外开放构想，是中国作为具有世界影响的大国提出的伟大创举，其意义是非凡的。20世纪80年代末以来的一段时期内，我国面临十分严峻的国际环境。经过改革开放多年的迅猛发展，2010年，中国经济总量就已跃居世界第二位，综合国力和国际影响力显著提升。在这一时代背景下，党的十八大胜利召开，形成了以习近平同志为核心的党中央。时代的召唤和历史发展的需要，都要求中国对世界局势、国际格局提出主张、贡献智慧、发挥影响。"一带一路"在这样的大背景下应运而生。

"一带一路"倡议既是今后中国对外开放的总纲领，也理应成为全面深化改革的总钥匙。因此，要加强以"一带一路"倡议为引领构建开放型经济新体制，全面统筹促进国内各领域改革发展特别是供给侧结构性改革。

1.1.2 "一带一路"倡议的国内经济背景

从国内国际经济发展角度看，"一带一路"是以习近平同志为核心的党中央在经济发展进入新常态的时代背景下，着眼于实现中国经济持续健康发展、推动与世界各国互利共赢、共同发展而提出的重大战略构想。对中国来说，"一带一路"有助于促进国内的区域协调发展。我国对外开放30多年来主要集中在东部沿海，内陆地区开放明显滞后。通过"一带一路"建设，有利于优化我国的区域发展布局，推动西部地区实现跨越式发展，这是建设"一带一路"特别是"丝绸之路经济带"的题中应有之义。"一带一路"还有助于推动中国经济走出去。经过几十年的发展，中国积累了丰厚的资本、足量的技术储备、强大的基础设施建设能力，同时，在新常态下，中国经济存在较为突出的产能过剩问题。有数据显示，2013年中国大宗商品中，存在产能过剩的产品占比为48%，在产能过剩产品中，产能利用率低于80%的产品数占3/4。"一带一路"沿途国家大多是新兴经济体和发展中国家，对资金、技术、产品需求量大，通过"一带一路"沿线建设，既可以推动中国资本、技术、产能走出去，也符合沿线国家的现实发展需要，可以说，"一带一路"倡议对中国有好处，对沿线国家也有好处，是一个真正的"双赢合作"。

中国经济与世界经济高度关联。中国将一以贯之地坚持对外开放的基本国策，构建全方位开放新格局，深度融入世界经济体系。推进"一带一路"建设既是中国扩大和深化对外开放的需要，也是加强与世界各国互利合作的需要。

1.2 "一带一路"背景下建筑业存在的问题

21世纪的前10年，我国国内经济环境呈现出以下特点：产能过剩、外汇资产过剩；油气资源、矿产资源对国外高度依赖；工业和基础设施集中于沿海，对外部冲击承受力差；边境地区整体状况处于历史最好时期。在国际、国内发展环境的大背景下，在习近平总书记提出"一带一路"重大倡议后，中国政府与相关国家签署了共同推动和落实"一带一路"倡议的措施。"一带一路"倡议以民心相通、资金融通、贸易畅通、设施联通、政策沟通为主要内容，直接覆盖到我国18个省份，由内而外辐射到国外的欧洲连线、北非、中亚、西亚、南亚、东盟等182个国家。设施联通与建筑行业等国际市场拓展以及国外业务经营密切相关，表现为航运、铁路、道路等基础设施与国外延展和联通，就此为国内建筑行业带来了巨大的发展机遇。

1.2.1 "一带一路"倡议是建筑行业走过"拐点"的重要契机

"一带一路"倡议是中国建筑行业数十年来一直期盼的巨大商机。其市场指引和业务覆盖，为我国建筑行业中各类企业的国外拓展，擘画出了更为清晰的发展蓝图。因此，在很大程度上，被视为我国建筑企业海外业务拓展和经营的指挥棒。相应的丝路基金和亚洲基础设施投资银行等，也为建筑企业的跨国发展提供了政策保障和资金保障。

全球化进程和海外业务拓展是我国建筑企业进入全球化发展进程的重要基础。虽然，国内建筑行业中各企业的发展参差不齐，但是整体来说，目前我国部分建筑企业在全球五百强企业中的排名持续上升，以行业排头兵企业中国建筑股份有限公司为例，2022年其在《财富》世界500强的排名已经达到第19位。这在某种程度上也预示着我国建筑企业将会获得更多资源和平台，就需要借助国际化发展所提供的新机遇，从而进入国际市场中角逐。在改革开放的40多年里，中国建筑行业的快速发展更多的是依靠中国国内市场，虽然发展成就巨大，但是任何一个行业的发展如果仅局限于国内市场，自然会出现"拐点"。因此，作为中国建筑企业"走出去"的升级条件，"一带一路"倡议自然是为中国建筑行业的未来发展提供了新的方向，这也将是国内建筑行业顺利走过"拐点"的重要契机。

中国经济国际化发展为建筑行业的"走出去"提供了相当多的基础条件。在面对"拐点"或者发展瓶颈的同时，中国建筑企业除需要快速拓展海外业务以外，还需要面对进入国际市场中所面临的跨文化经营和跨国经营等所带来的各类问题。尤其是跨文化交往、国内市场和国外市场共同经营、国内外企业管理等方面所存在的风险和隐患，是否需要"一企两制"，又有可能为中国建筑行业带来新的改革风险。不可否认的是，这也是我国企业跨国发展的必然趋势。

1.2.2 "一带一路"倡议下建筑业跨国经营的现状

"一带一路"始终是中国建筑行业跨国经营的重要契机。因此对于所面对的各类问题和隐患，中国建筑企业必须更为耐心地直面问题。从当前建筑行业在"一带一路"倡议指引下所呈现出的"走出去"发展现状来看，基本分为三个阶段。一是劳务输出阶段，此阶段同样延续了"走出去"战略二十多年的发展历史；二是设备材料和劳务输出阶段；三是资本输出阶段。事实上，虽然在"一带一路"倡议指引下三个阶段的尝试性发展也是同步存在的。这与国内建筑企业资质和能力的参差不齐密切相关。当然第三个阶段，多为龙头企业的跨国经营所选模式，其面对的挑战和难度也更大。但是，只有三个阶段分别尝试，寻求突破，才能为我国建筑企业找到恰当的"一带一路"倡议实践模式。

龙头企业的发展往往成为建筑行业的发展风向标。中国建筑股份有限公司（以下简称"中建"）作为国内建筑行业的龙头企业，在"一带一路"沿线项目推进过程中，所获得的收获巨大。例如，2015年中建在海外签署的合同金额达到174亿美元，其营业额达到88亿美元。已经创了中建历史新高。中建在"十二五"期间，其营业收入年复合增长率、新签合约额度、利润总额年复合增长率分别达到15%、22%、38%。2016年1月21日，中国、埃及两国元首共同签订的埃及新首都建设项目一揽子总承包合同，就是由中建承包，合同涉及金额达到27亿美元。2016年5月6日，中建所负责的巴基斯坦白沙瓦至卡拉奇高速公路项目也正式开工，合同金额将近28.9亿美元。这也是中巴经济走廊区域目前的最大交通基础设施项目。

中建在国内建筑企业的跨国经营过程中，随着"一带一路"基础设施互通互建的日渐推进，其起到的引导性作用更为明显。中建跨国经营模式和管理方式，都可作为国内建筑企业跨国经营的指导经验。当然中建在跨国经营的过程中，海外项目的建设同样为项目所在地提供了正向效应。例如，带动了当地相关产业的发展，促进了当地投资环境的健康发展，提升了当地居住民的生活水平等。

但是在发展过程中，中建同样也需要面对"一带一路"倡议实施过程中所存在的汇率风险大、法律环境差、部分区域的政治风险高、民族问题复杂、宗教问题层出不穷等带来的新挑战。部分工程项目的前期设计、论证、科研尚未到位，也变相地制约了中建项目的顺利落地。现阶段中建的跨国经营方式和商业模式，也尚未完善。虽然其致力于打造智慧、数字、绿色跨国建设和经营模式，但是企业优质资源能否在跨国经营过程中得到良好应用，如何完善跨国经营中的管理模式，如何保障国内外的装配式协调一致等，均是其当前所需要面对的主要问题。诸如中建等龙头企业所面临的问题已如此复杂，其他资本能力相对较弱的建筑企业在跨国经营发展过程中所面对的挑战和难题可想而知。

1.2.3 "一带一路"倡议下建筑业跨国经营面对的机遇

中国建筑业在2012年进入新发展时期。经济新常态下，建筑行业所面对的问题在于政府大力推行工业化和BIM（Building Information Modeling，简称BIM）、高风险PPP（Public-Private-Partnership，简称PPP）盛行、竞争加剧、工程款回款难、人工成本快速上涨、房地产持续走软、行业增速急速下滑，建筑行业在前期高速发展阶段所使用的粗暴简单式经营模式显然不能在国内以及跨国经营中继续沿用。在"一带一路"倡议指引下，中国建筑行业在2015年开始因其面对的更多挑战和机遇，使得建筑行业快速进入转型升级发展过程中，就其跨国经营所面对的机遇而言，基本表现如下：

1. 政府政策的完善为建筑行业跨国经营提供更多可能

在 2015 年两会的政府工作报告中，提到 2015 年中央预算内投资增加到 4776 亿元，而在铁路投资方面要维持 8000 亿元以上。投资规模和投资预算的加大，势必为国内建筑行业的规模增长提供良好契机。国内建筑企业在国内和国外市场的双向性投资及发展就有可能避开资金链短缺、政策缺失、发展平台狭窄等所带来的隐患。中央经济工作会议提出优化经济发展空间格局的要求后，2015 年建筑行业将战略重点放在产业地理布局的调整方面，例如，促进建筑产业的国际转移及国内转移。2015 年"一带一路"倡议的全面落实，又有可能为建筑行业提供良好的国际环境。例如，随着核电合作和铁路建设等基建项目的实质性推进，国家层面的指导意见和规划方案同步出台，相应的合作项目所在国也为建筑行业的跨国经营，提供项目所在区域稳定发展所需的配套政策和规划方案。

截至 2016 年 2 月 5 日，"一带一路"规划方案中，将近有 2/3 的省份，均已经将建筑行业的跨国经营提上研究日程。其中河北省、宁夏回族自治区、云南省等省（自治区），其规划已经开启细节推敲环节。尤其是在基建项目领域，交通领域基建规划被细化并已经成形。例如，云南省推动丽香、云桂、泛亚铁路中线等十项在建工程，完善航线网络推动昆明机场的配套服务建设工程等。而 2016 年的两会工作报告中，安徽省则提出积极开辟西向通道，参与并推进新西欧大陆桥的区域经济发展合作。到 2018 年底，中国已累计同 122 个国家、29 个国际组织签署了 170 份政府间合作文件。2020 年，我国成功应对新冠肺炎疫情带来的严重冲击，在全球跨国直接投资大幅下降的背景下，全年实际使用外资逆势增长，实现了引资总量、增长幅度、全球占比"三提升"的局面，全年利用外资规模增长 6.2%，创历史新高。

2. 基础设施投资"走出去"成为建筑行业跨国经营新引擎

2013 年，在"一带一路"倡议提出后，APEC 会议上我国提出出资 400 亿美元建立丝路基金、推动亚洲基础设施投资银行建设等，在未来十年中，预计投资额度为 1.25 万亿美元。2014 年，我国铁路建设项目境外合同签订额度同期增长 3 倍以上，营业额度同期增长了 31.3%，达到了 76 亿美元。基础设施的互通互联是"一带一路"建设的首要先行领域。从行业分布情况来看，公路建设和电力投资需求最大，占 29% 和 51%。此类投资需求的落实和执行，对促进建筑行业的稳定性发展奠定了良好的基础。

自中国加入世界贸易组织以来，铁路设备已经成为我国外贸出口和建筑行业跨国经营管理的重要增长点。例如，尼日利亚阿布贾—卡杜纳铁路的建设，在中国建筑企业承建的工程项目中，开创了非洲首条以中国铁路技术标准建设的现代化铁路。2001年—2014年，机动车的出口金额由8000万美元提升到37.24亿美元，是我国外贸出口同期增速的3倍。在铁路整车出口过程中，内燃机车和电力等附加值较高的产品出口比重在60%左右。具有高附加值和高技术含量的双层客车、160公里动车组，在2014年出口额度显著增长。2014年我国铁路设备的出口同比增长了22.6%。目前铁路设备出口已覆盖到6大洲的80多个地区和国家。新型冠状肺炎发生以来，在国际客运航线停飞、公路受阻、水运停滞等情况下，中欧班列成为中外企业进出口的主要运输通道。

3. 建筑企业的借势转型发展加大"走出去"需求

2015年上半年，上市公司公告的重大资产重组预案达到150家以上，上市公司并购重组的成功，不仅会带来公司竞争实力的提升和业绩的蜕变成长，也很有可能为建筑企业的跨国经营和发展提供更多的竞争实力。伴随国企混合所有制改革、分类明确的逐步发展，以及国企投资运营公司改革的日渐深化，近年来中国国有企业群体出现大重组、大分化的高潮期。与此同时，"互联网+"时代来临，在国有企业重组、分化的大前提下，更有可能改变建筑企业的经营格局。

长期以来，建筑企业依赖固定资产投资拉动，但是在其借势转型的过程中，此种依赖模式很有可能转向多元化的转型调整模式。建筑企业的战略定位，也有可能从国内市场竞争向全球一体化竞争方向转型。国内建筑企业在国内市场中长期积累的市场运作、运营管理、技术设备、施工技术等方面的实战经验，在推进"一带一路"沿线工程建设时，具有相对明显的行业优势。例如，在沙特阿拉伯、菲律宾、巴基斯坦等发展中国家。国内市场过度竞争更促使国内建筑企业产能急需找到符合自身调整转型需要的新平台，"一带一路"倡议和新型建设模式的出现，为提高建筑行业在国外市场的竞争力，促进其转型升级，提供千载难逢的平台和契机。

4. 施工生产体系转型成为建筑业"走出去"的重要支撑

建筑企业在"一带一路"倡议的发展机遇下，求发展、走出去的战略视野以及生产施工体系的相对完备，更为其抢占国外市场提供了重要支撑。据调查，现阶段跨国经营发展相对较好的建筑企业，其生产施工体系相对完备，尤其在境外设立了包含生产加工、物流、贸易、建筑、投资等在内的各类分支机构。例如，山东电建铁军电力工程有限公司、山东电力建设第三工程公司等，借助自身的行业优势，形成了以水电、核电工程为主的境外施工体系；中石化第十建设有限公司和中国石油天然气第七建设有限公司，也逐步建立起以石油化工装置施工、石油管道安装为主的境外施工体系。以上各类生产施工体系的完备性，为建筑行业国际项目的投资和招标、国际项目设计、施工和工程承揽等提供了有效的支撑作用。

1.3 建筑企业在"一带一路"建设中面临的制约

1.3.1 沿线国家发展差距与建筑企业实力的矛盾

现阶段，在"一带一路"倡议指引下，国内建筑企业的跨国经营和发展所面对的挑战主要来自两个层面。一是"一带一路"沿线建设当前所覆盖到建筑行业领域的仅仅为基础设施建设方面，这方面的工程项目本身就存在周期长、投资大的问题。二是很多建设项目在前期的论证、科研、设计不到位的前提下，就已经签订了合约，在实际建设过程中，很容易出现因前期工作不到位而导致后期项目落地困难的问题。

对于国内建筑企业的跨国经营和发展而言，融资模式和融资的持续性始终是制约其海外发展的重要问题。以龙头企业中国建筑股份有限公司为例，以工程总承包为主要经营模式，虽然近些年开始涉及投资、融资、"建设——经营——转让"等业务，但是其总体战略和战术还是以传统的施工承包经营方式为主。在中建跨国经营和发展的过程中，如何找到更符合自身跨国发展目标的项目，或者能快速产生经济效益的项目，可能与中建的发展定位和资本模式冲突。

据了解，建筑企业境外生产经营过程中，因各个国家在宗教、文化、习俗、经济体制、经济发展程度、规范标准、劳工准入、税收法律等方面差别较大，海外工程的利润优势、行业优势并不明显。部分国家的安全情境不够稳定等，又增加了海外项目执行难度。例如，在利比亚承揽房屋建设的过程中，因利比亚局势混乱、发生内战，国内建筑企业的财产和生产均无法得到良好保障，如果企业撤回施工人员，势必会造成直接损失。但如果不撤回，又会蒙受资金和人员伤亡的双重损失。

1.3.2 融资和资金紧张是建筑业外拓市场的瓶颈

国内建筑企业在海外投资、经营的增长速度与预计可用资金密切相关。在目前相对复杂的经济形势下，投融资体制和投融资渠道改革相对困难，并存在诸多的不确定性。社会资本、企业资本、政府资本的多元投入，并不能快速达成统一，经济社会发展过程中所出现的"短板"又有可能会进一步降低企业投资活力。《国务院关于促进融资担保行业加快发展的意见》（国发〔2015〕43号）虽然明确界定了地方政府在投资、融资方面的基本方向，但是大规模的跨国基建投资以及国内地方政府土地财政的依赖等如何确立责任主体，这也是制约国内建筑企业跨国投资和经营的关键难题。在国内建筑企业的国际化发展过程中，即便国外存在大量投资机会，如果建筑企业资金运筹能力及融资能力等存在不足，海外投资或海外经营都容易受到制约，导致国内建筑企业与市场机遇失之交臂。

1.3.3 复合型人才不足制约建筑企业"走出去"的速度

自2010年以来，我国人口年龄结构开始呈现纺锤形发展状态，必然会出现负增长趋势。2022年，我国人口首次呈现负增长。虽然在经济增长势头良好的前提下，劳动力比例的不断减少，也导致劳动资源不足和架构不稳定。这很快会带来国内经济发展活力丧失、高度老龄化、劳动力严重不足等发展状态。尤其是在建筑企业跨国经营过程中，所需要的国际化复合型人才不足，或后继无力，更有可能导致建筑企业跨国经营失利。

我国20~64岁的劳动力在2015年之后呈现增长颓势，甚至负增长。作为带动建筑企业"走出去"的引擎，在劳动力"拐点"出现期间，中国建筑业出现用工荒，即便是目前执行三孩政策也无法及时在短期内解决此项问题。建筑行业作为高耗能高污染的产业，在其转型升级过程中，更需要劳动力的推动和保障。众所周知，绿色建筑比重的逐渐加大，尤其是在国外市场重视效率和质量的前提下，如果中国建筑企业无法按照现代化建筑技术和绿色建筑要求进行海外工程项目建设，将会影响到中国建筑企业的后续竞争力和中国建造品牌形象。同时，中国建筑企业在涉外技术管理、商务领域专业知识和具有涉外工作经验，能参与建筑企业境外生产经营、具备涉外工作能力的复合型人才方面所存在的"短板"，将直接制约其参与国际化建设的"走出去"步伐。

1.4 "一带一路"建设对中国建造"走出去"的要求

作为建筑行业拓展海外市场的重要引擎,"一带一路"倡议的实施为建筑行业的经营和拓展带来了新挑战。同时,建筑企业也面临国际市场竞争规则的新要求。

1.4.1 构建产业融合联动机制,提供多元投资融资模式

国际工程承包市场已向投建营一体化方向发展,对建筑企业的投资和融资能力是极大的挑战。这就要求政策层面为建筑行业的跨国经营,提供多元化融资投资模式发展指引。政府相关部门应当协调资金充裕的企业、非金融机构、保险银行、民营资本,通过控股、持股、参股等方式,参与建筑企业的"走出去"建设。在借鉴金融综合改革试点建设经验后,设置"一带一路"沿线国家基础设施建设专用基金,以保障建筑行业海外投资、经营、施工过程中融资的稳固性。

同时,政府相关部门应当将涉及"一带一路"建设的各类企业统一纳入"一带一路"建设的重点扶持工作中,以各行业龙头企业为核心,建立定期通报和联系制度,共享涉外供需信息和经营资源,鼓励与建筑企业相关的各行业在海外组团发展。鼓励建筑企业产能输出,融合制造业和分包工程优势,以便借助工程带动装备制造业海外拓展,形成跨产业融合的涉外经营发展新格局。在"一带一路"框架和经济新常态下,依托建筑企业自身转型优势和政策扶持,享受"一带一路"政策红利和发展机遇,共同"走出去"。

1.4.2 塑造国际化品牌,加快转型升级提升经营实力

国际品牌的塑造是建筑企业打开国外市场的钥匙,也是中国建筑企业在市场中屹立不倒的资格证。因此在"一带一路"沿线市场开拓和"走出去"发展过程中,中国建筑企业不仅要走跨国经营和发展之路,还需要真正置身于项目所在地区、国家的市场竞争中;不仅需要管理创新、精益建造,还需要进行品牌塑造;不仅需要应用中国技术,还需要应用中国智慧;不仅需要为项目所在国家经济发展服务,还要吸纳项目所在区域先进的文化、技术、理念,尤其是管理经验。抢占项目所在国家甚至国际市场的制高点,在强企如林的国际建筑市场中以国际化品牌打出自己的名气,努力成为国际领导品牌,以便提升自身的国际地位。此项工作必须随着建筑企业的跨国经营同步进行,尤其是细分市场的领导品牌。抢占第一品牌地位的机会将日渐变少,需要我国建筑企业顺势而为,快速发展。

"一带一路"国家开放格局已经在落实之中，建筑行业整体投资机会日渐凸显。如果建筑企业长期受制于自身实力束缚，显然无法快速占据海外市场。另外，在加快转型升级、提升经营实力方面还需要确定国际化标准。需要注意和重视的是，我国建筑企业目前尚未完全被国际建筑市场认可，那么跨国经营过程中，我国建筑企业必须接受和融入国际标准。因此在国家宏观层面，应当结合我国对外承诺和世贸组织规则，国内需要在立法层面重新修订法律法规，规范建筑企业的国外经营发展转型行为。三大国际标准认证同样应该成为国内建筑企业建设有效管理机制的依据，在其快速转型升级过程中，国内建筑企业也需要彻底改变自身的经营方式和管理理念，按照国际化发展要求，逐步提升管理、人才、技术、理念等方面的要求和标准，以便在国际市场竞争中快速走好跨国经营发展之路。

1.4.3 提升资本运用能力，注入互联网概念

借助大型企业、窗口单位、金融机构、政府等的力量，稳固建筑企业的资本融通和资本运作。抓住互联网金融、众筹等融资成本降低优势，为工程建设项目的融资提供新机会和新渠道。集中优势资源，强强联合，国际市场需要组成若干跨国控股集团，构建"航母"级建筑集团，可提升企业创新实力。现阶段"互联网+"模式风生水起，借力"互联网+"与"一带一路"建设市场，打造企业大数据信息创新平台，例如，施工建设阶段则可应用互联网系统和 BIM 技术，建筑装修方面可构建电商模式转型发展目标等，以上均是提升国内建筑企业集约化、精细化能力和综合竞争实力的基础。

此外，国内建筑企业应当重视装备升级，尤其是提升水利机械、土方机械、装载机械等工程机械的使用率和使用量，加快工程量自动计算、绿色施工、外墙体自保温、高强度钢材应用、清水混凝土模板等新设备、新材料、新工艺和新技术的使用及推广，以科学技术来提升企业技术和管理的软实力。重视人才培养，以人才强企战略和高质量发展目标，选拔和培养熟悉相关国家法律、经济、政治、文化，熟练掌握专业知识和专业技能的前瞻型国际化应用人才。

第 2 章
"一带一路"推动工程项目管理国际化发展

2.1 经济全球化助推工程项目管理发展

2.1.1 经济全球化概述

国际货币基金组织（International Monetary Fund，简称：IMF）认为："经济全球化是指跨国商品与服务贸易及资本流动规模和形式的增加，以及技术的广泛迅速传播使世界各国经济的相互依赖性增强"。而经济合作与发展组织（Organization for Economic Co-operation and Development，简称：OECD）认为，"经济全球化可以被看作一种过程，在这个过程中，经济、市场、技术与通信形式都越来越具有全球特征，民族性和地方性在减少"。为此，可从三个方面理解经济全球化：一是世界各国经济联系的加强和相互依赖程度日益提高；二是各国国内经济规则不断趋于一致；三是国际经济协调机制持续强化，即各种多边或区域组织对世界经济的协调和约束作用越来越强。总的来讲，经济全球化是指以市场经济为基础，以先进科学技术和生产力为手段，以发达国家为主导，以最大利润和经济效益为目标，通过分工、贸易、投资、跨国经营和要素流动等，实现各国市场分工与协作、相互融合的过程。

经济全球化有利于资源和生产要素在全球的合理配置，有利于资本和产品在全球性流动，有利于科技在全球性的扩张，有利于促进不发达地区经济的发展，是人类发展和共同进步的表现，是世界经济发展的必然结果。但对每个国家来说，经济全球化都是一柄双刃剑，既是机遇，也是挑战。特别是对经济实力薄弱和科学技术比较落后的发展中国家，面对全球性的激烈竞争，所遇到的风险、挑战将更加严峻。经济全球化中急需解决的问题是建立公平合理的新的经济秩序，以保证竞争的公平性和有效性。经济全球化的本质是贸易、投资、金融、生产等活动的全球化，即生产要素在全球范围内的最佳配置。从根源上说是生产力和国际分工高度发展的结果，要求进一步跨越民族和国家疆界的束缚。进入21世纪以来，经济全球化与跨国公司的深入发展，既给世界贸易带来了巨大的推动力，同时也给各国经贸带来了诸多不确定因素，使其出现许多新的特点和新的矛盾。总体趋势而言，经济全球化表现为贸易自由化、生产国际化、资本全球化、科技全球化。

2.1.2 经济全球化背景下中国工程项目管理发展状况

随着经济全球化的不断推进，中国建筑业保持快速增长。近年来代表性超级工程接连落地。党的十八大以来，中国建筑企业以新技术、新工艺、新材料、新装备打造世界领先工程。有标志着中国工程"速度"和"密度"、以"四纵四横"高铁主骨架为代表的高铁工程，有标志着中国工程"精度"和"跨度"、以港珠澳大桥为代表的中国桥梁工程，还有代表着中国工程"高度"的上海中心大厦、代表着中国工程"深度"的洋山深水港码头以及代表着中国工程"难度"的自主研发的三代核电技术"华龙一号"全球压水堆示范工程——福清核电站5号机组，这些超级工程成为彰显中国建筑业设计技术和施工技术实力的金字招牌。建筑企业装备水平显著提升，部分建筑技术世界领先。一批具有自主知识产权、居国际先进水平的建筑施工设备，如大型地铁盾构机、大型挖泥船、建筑机器人等，打破了国外成套施工设备、智能设备的垄断，成为中国地铁建设、海岛吹填等工程的推进利器。40年来，中国建筑行业不断提升建筑设计水平。高速、高寒、高原、重载铁路施工和特大桥隧建造技术迈入世界先进行列。离岸深水港建设关键技术、巨型河口航道整治技术、长河段航道系统治理及大型机场工程等建设技术已经达到世界领先水平。

2.1.3 中国工程项目管理对经济全球化发展的贡献

近年来，中国通过不断探索共商共建、互利共赢的国际合作新模式，寻求高水平的投资贸易便利化协定，构建新型全球化合作框架，引领开放、包容、普惠、平衡、共赢的经济全球化，努力成为全球经济治理的支撑引领者、国际经济秩序的创造者、世界经济变革的驱动者、人类共同发展的担当者。

在世界经济增长乏力的现状下，作为世界第二大经济体和对外投资国，覆盖全球166个国家和地区的7968个境外企业，中国具备完整的工业体系，是世界上唯一拥有联合国产业分类中全部39个工业大类、191个中类、525个小类的国家。因此，中国对外投资具有行业分布多元化特征，几乎囊括所有经济部门，特别是在基础设施建设和制造业领域。在美元升值、发展中国家资金外流压力加大的情况下，中国对外投资可以为相关国完善工业体系、改善基础设施、创造就业岗位、提升民生福祉、度过经济危机提供重要支持，是稳定全球金融市场和经济运行的重要因素，为全球跨境投资注入新的活力，也引领了亚太地区新兴经济体的发展。

据联合国亚洲及太平洋经济社会委员会发布的数据，2019年，我国对外承包工程业务完成营业11927.5亿元人民币，同比增长6.6%，新签合同额17953.3亿元人民币，同比增长12.2%，在全球处于领先地位。同时中国利用外资的结构继续优化，质量不断提高，流入高附加值服务业（如研发）以及高技术制造业的外资继续增长，促进了跨国公司创新技术的快速产业化，加速了创新技术的市场化进程，提升了技术创新的效益和效率，有利于技术的全球传播和扩散。以中国建造为主导的"一带一路"工程建设为例，作为推动各方发展的国际合作平台，作为中国向世界提供的最大公共产品，来自世界银行等国际机构的最新研究表明，"一带一路"沿线合作将使全球贸易成本降低1.1%~2.2%，推动中国—中亚—西亚经济走廊上的贸易成本降低10.2%，还将促进2019年全球经济增速至少提高0.1%。目前，100多个国家和国际组织以不同形式参与"一带一路"建设，80多个国家及国际组织同中国签署了合作协议。"一带一路"国际合作高峰论坛形成了270多项丰硕成果。一大批互联互通项目改善了参与国发展环境，提升了区域合作的空间和潜力。共建"一带一路"倡议推动了沿线国家经济发展，创造了大量就业机会，使各国特别是发展中国家搭上了中国发展的快车。2018年，中国境外企业向投资所在国缴纳的各种税金总额达594亿美元，已经在20多个国家建设56个经贸合作区，雇用外方员工187.7万人，占境外企业员工总数的一半以上。2018年中国境外企业的经营情况良好，超七成企业盈利或持平，有效拉动了当地的就业，推动了当地的经济发展。

据中国商务部官网数据显示，2022年1—10月，我国企业在"一带一路"沿线国家非金融类直接投资1147亿元人民币，同比增长9.7%，占同期总额的18.3%，主要投向新加坡、印度尼西亚、马来西亚、阿拉伯联合酋长国、巴基斯坦、泰国、越南、柬埔寨、塞尔维亚和孟加拉国等国家。在对外承包工程方面，我国建筑企业在"一带一路"沿线国家新签对外承包工程项目合同4707份，新签合同额5670.9亿元人民币，同比增长1.7%，占同期我国对外承包工程新签合同额的51.8%；完成营业额4266.7亿元人民币，占同期总额的53.9%。

2.1.4 经济全球化背景下中国工程项目管理发展对策

1. 建筑企业必须拥有较强的核心竞争力

经济全球化背景下，中国建筑企业必须要有较强的核心竞争力，才能赢得市场地位。要形成本企业的品牌，例如，建筑企业要把自己企业做优做强做大，第一，要有较高级别的企业资质，特别应具备建筑行业一级以上工程施工总承包资质，才能在建筑市场中站稳脚步。第二，要形成企业文化和独特的经营理念。第三，要研究市场，研究竞争者，确立本企业的定位。把本企业作为全球产业链中的一个环节融入其中。目前，尽管国家采取增加基础设施建设投资，拉动国民经济高速增长措施，但建筑市场中的竞争依然十分激烈，造成业主不断压低标价，使本来利润就很微薄的施工企业，很难有更多的积累实现可持续发展的目标。中国加入世贸组织后，国际上大型建筑施工企业将按照我国对外开放时间表，不断参与我国建筑市场竞争，如果国内的建筑施工企业再不能形成自己的核心竞争力，就会被市场所淘汰。第四，要有本企业的核心技术和科学管理手段，做到人无我有、人有我新，这样才能不断抢占施工领域制高点。第五，还要有本企业核心装备和采购供应保障体系及营销网络，使企业在人流、物流、资金流、信息流上畅通无阻，这样才能不断扩大市场份额。

2. 建筑企业在做强主营业务的同时要加强资本经营

主营业务（简称主业）是一个建筑企业发展的核心，必须要下大力气做优做强做大，同时，为了减少鸡蛋放在一个篮子里的风险，降低同行业的竞争压力，要不断扩展与主业紧密相关的产业领域。建筑企业要按照现代企业制度要求，加快建立现代企业制度运行机制，要把企业母公司建设成为智力密集、资本经营与实业经营相结合并具有产业导向功能的企业核心。要完善企业法人治理结构，加强决策层、经营层、监督层的组织制度建设，形成各负其责、协调运转健康发展的制约机制。企业决策层领导班子，要认真研究国内外经济发展规律，优选国家政策扶持的朝阳产业项目进行参股、控股投资经营。另外，面对国外建筑施工企业带资进入中国建筑市场抢占市场份额的竞争压力，国内建筑施工企业应积极跻身资本市场，实现企业在市场中的投融资功能，以应对国外大型建筑施工企业带资进入中国市场的竞争。为了缩短进入资本市场时间，也可采取借壳重组上市办法来实现资本经营目标。同时，建筑企业进入资本市场，经营风险和收益并存，为了安全投资，降低投资风险，要聘请有丰富实践经验的高级理财专家进行理财经营，以实现较高的投资收益目标。

3. 建筑企业要建立人力资源激励机制，实现吸引和留住人才目标

市场竞争就是人才的竞争，人才的竞争关键要看你这个企业是能否留住人才，吸引人才和用好人才。面对经济全球化、知识化的大背景，如何提高人力资源管理能力，是摆在每一个建筑企业面前的紧迫问题，必须认真研究，制定对策，才能取得飞跃发展。目前，在国内大型建筑施工企业中，很多企业对人力资源开发与管理工作还没提上重要日程，企业经营思路还没有把人力资源这个最活跃的生产要素视作企业财富来对待。例如，目前在一些施工企业当中，一个同样的工程项目，分别给两个不同素质的项目经理去经营，结果得出的结论是不一样的，可能出现一个项目经理经营盈利，而另一个项目经理经营亏损的局面，这些问题都说明人才素质的差异所得出的经营结果不同，那么怎样才能把这些高素质人才留在企业，或者吸引更高素质人才加盟到企业，这就需要建立一套激励理论，包括内在激励理论、过程激励理论及外在激励理论。内在激励理论主要考虑的是导致一个人的动机和行为产生的那些内在需求是什么，其中最典型的代表是马斯洛的需求层次论；过程激励理论所强调的是人与环境之间的互动，最典型的代表是期望理论；而外在激励理论所关注的则是如何通过了解这样一些环境变量来理解和预测人在工作中的行为，最典型的代表是学习理论。在企业人力资源管理中，激励理论主要表现为三个方面：第一，人有各种各样的需要，并且一个人的需求会随着时代环境的变化、个人所处生命周期的不同阶段变化而变化。在这方面就需要随时注意了解和掌握企业多方面变化情况，并在一定条件下，可通过各方面的调整来满足他们的各种个性化需要，从而确保他们忠于企业并且为企业的可持续发展作出贡献。第二，人的行为是由他们的需求，动机及其所导致的态度所决定的，而一个人的需要，动机和态度又不一定对企业有利，所以员工的需要获得满足并不一定能够导致组织目标的实现，或者说"满意的员工并不一定就是高生产率的员工"。因此，企业在招聘员工时就应挑选那些个人需要与组织的需要一致性程度最高的员工进入企业。第三，人的行为是可以塑造的。目标设定理论认为，工作的目的、使命及目标是对员工形成激励的一个重要来源，它常常能够导致某种集体成就的实现。因此，目标确定能够对员工的行为产生引导和指引作用，从而强化他们的努力程度。在建筑施工企业，要积极应用

国内外在人力资源管理方面经验,搞好人力资源储备,充分开发人的智能。目前在国内的一些上市公司中,采用股票期权制来实现企业核心人才的长期稳定化,从而减少人才的流动。例如,亚泰集团、华晨集团等企业采取提取奖励基金方式或董事长及高管人员自筹资金在二级市场购买本企业股票锁定等办法,来激发企业核心人才的工作热情,均取得了较好的效果。

2.2 中国工程项目管理"走出去"的挑战与机遇

2.2.1 我国工程建设行业"走出去"现状与特点

1. 我国对外承包工程业务有了一个飞速的发展

据统计,大概从 2003 年起的近 20 年时间内,我国对外工程承包业务规模增长了 10 倍。根据环球印象撰写并发布的《中国建筑工程行业投资环境及风险分析报告》数据显示,到了 2019 年,中国对外承包工程现在完成的营业额已经达到了 1729 亿美元,达到最高峰值。但是近几年,特别是受到新型冠状病毒感染情况的影响,我国海外工程承包业务规模处于波动状态。

经过过去 10 多年飞速的发展,我国对外工程承包业务已经从飞速发展、高速发展的成长期到现在进入发展相对成熟期,或者称之为平稳发展期。

2. 从市场来看,对外工程承包市场分布不平衡现象突出

目前我国的对外承包工程遍布世界 190 多个国家和地区,但主要业务还是集中在亚洲和非洲地区。现在亚非市场也出现了新的变化,一方面,非洲市场由于前两年的下滑,现在出现了一个触底反弹的现象,特别是由于国际上前几年大宗商品价格低迷,所以 2017 年我国对外承包工程业务首次在非洲出现下滑,同比下滑了 6.1%,但是近几年显示,我国在非洲市场的新签合同额同比增长 7%。例如,2021 年,我国在非洲承包工程新签合同额 779 亿美元,同比增长 14.9%;完成营业额 371 亿美元,同比下降 3.2%。所以,在非洲市场出现了触底反弹而又不平稳的现象。疫情以来,我国在亚洲市场,特别是"一带一路"沿线重点国家的业务增速有所放缓。

3. 业务领域多元化发展进一步深化

整体上看来，大多数对外工程承包企业都是在主业的基础上不断地拓宽业务领域，从这两年的统计数据也可以很清楚地看到这一点。根据环球印象撰写并发布的《中国建筑工程行业投资环境及风险分析报告》数据显示，2017年，一般建筑项目以及交通运输建设项目所占份额比较多，其他的项目出现了大幅度的增长，传统的石油化工领域新签合同额下降了44%，我国在一般建筑领域新签合同额下降了47%，而水利工程项目增加了30%，电力同比增长31%，风力发电、太阳能电站、清洁能源建设和环保领域的项目份额进一步扩大。我国现在从传统的工程承包业务领域不断向新的业务领域拓展，我国企业还发挥国家优势，积极参与境外的经贸合作区域、农业、资源及建材等项目领域的开发和建设，带动了国内的钢铁、有色金属、建材、化工、工程机械等产业链的上下游企业的发展，对外工程承包业务领域向着多元化方向进一步深化。

4. 建筑企业转型升级成为对外工程承包业务发展的主要动力

建筑企业转型升级主要有两个方面，第一个是建筑企业在从亚非地区传统市场向高端市场发展。我国企业积极推动业务模式转型升级，通过布局发达国家市场，优化业务结构，也取得了积极的成效。从2017年业务发展的情况来看，中国长江三峡集团有限公司通过投资并购形成了以巴基斯坦、巴西为中心的风电市场，以其控股的葡萄牙电力公司拓展了欧美的市场，完善了在地铁、铁路等领域的产业链。第二个是合作模式的升级。现在我国企业不仅是单纯施工承包商，实际上也在发展投资业务，例如，PPP（Public-Private-Partnership，简称PPP）、BOT（Build-Operate-Transfer，简称BOT）等新业务模式在国际上越来越多，而且我国也在推动一体化建设，取得了很多的进展，特别是在交通基础设施建设和资源开发等领域项目越来越多，以投资的方式建设的一些项目影响很大。2017年以来，我国建筑企业在非洲的铁路建设都实行了一体化运营。

2.2.2　工程建设行业"走出去"的历史机遇

1. 国际建筑工程承包市场处在发展高峰期

现阶段，建筑工程行业"走出去"面临的历史机遇是我们现在处在一个非常好的海外工程承包市场发展时期，未来十几年国际工程建设市场还将会处在持续发展的高峰期。基础设施投资对刺激建设规模、生产力增长具有实质性的作用，这在联合国和各类国际机构已经形成了广泛的共识。目前通过基础设施建设来拉动 GDP 增长引起了全球的重视，既包括了广大的发展中国家，也包括发达国家。发展中国家在交通、电力、城镇化发展方面存在一定的建设缺口，发达国家的建筑设施更新改造现在也是处在一个高峰期。在欧美的一些发达国家人们会看到，几乎到处都在进行基础设施更新建设，许多发达国家都出台了基础设施的建设计划。

2. "一带一路"倡议对工程建设市场产生更加深远的影响

"一带一路"倡议提出后，实际上对我国建筑企业的对外工程承包业务领域影响非常大。"一带一路"倡议提出要建设经济走廊及基础设施的互联互通的愿景，在促进交通基础设施建设方面发挥了非常重要的作用。2017 年，召开了"一带一路"国际高峰论坛，又达成了要深化项目合作、促进设施联通、扩大产能投资、加强金融合作等一系列的共识，国家启动了超过 1000 亿元人民币的资金支持。2018 年是"一带一路"倡议提出五周年，中央要求把"一带一路"倡议要由宏观蓝图变成具体项目的落地，很多项目都将会为工程建设扩大产能合作以及带动中国制造、中国建造和中国服务"走出去"带来新的机会。2019 年，我国在"一带一路"沿线国家对外工程承包合同营业额达 979.8 亿美元，占我国对外承包工程合同营业额的 56.67%。2022 年，我国企业在"一带一路"沿线国家新签对外承包工程项目合同 5514 份，新签合同额 8718.4 亿元人民币，占同期对外承包工程新签合同额的 51.2%；完成营业额 5713.1 亿元人民币，占同期总额的 54.8%。

3. 对外工程承包行业管理制度进一步放开

在过去的体制下，建筑企业开展对外工程承包业务实行许可证制度。2017 年，我国相继取消了对外工程承包的项目投标核准等规定。在此之后，商务部通过一系列的措施，加强项目建设的事中、事后的监管，即建立一个备案加负面清单的管理制度。现在所有的对外工程承包项目只需要向商务部备案，或者向地方商务主管部门备案。政策的开放，使所有的建筑企业都可以参与对外工程承包业务，为企业"走出去""松绑"，为企业"走出去"提供了更便利的条件。

4. 相关促进对外工程承包业务发展的政策不断完善

当前在国际市场上，对外工程承包业务的竞争越来越表现为企业融资能力的竞争。推动我国对外工程承包发展的融资支持政策主要是"双优"贷款和商业信贷。由于基础设施建设项目一般规模比较大，项目投资的周期也比较长，而且基础设施类项目外部盈利能力也比较弱，资产流动性低，资金短缺是制约发展的很重要的原因。在国家层面上，有很多的重要安排，包括对一些区域组织的优惠业务，资金支持对项目建设至关重要。例如，2018年召开的中非合作论坛北京峰会，国家提出了八大行动计划，其中中国政府愿意以政府援助、金融机构投融资的方式向非洲提供600亿美元的支持，包括150亿美元的无偿的援助，无息贷款等。这些金融政策，能够推动国内建筑企业在未来三年获得一定金额美元的支持。

2.2.3 工程承包业务发展面临的主要挑战与应对措施

1. 对外工程承包面临的主要挑战

首先，对外工程承包面临的挑战较多，其中比较大的问题就是风险问题。当前各种风险问题实际上也在不断地积累，包括现在一些地区、政府社会秩序动荡不安，部分国家还存在政局不稳定因素，也有国家经济情况欠佳，有些国家拖欠工程款的问题突出等，以前非洲市场发展很快，但是非洲也存在国家拖欠我国建筑企业工程款的现象。

其次，市场分布不合理，业务模式还处在低端。80%以上的工程承包业务集中在亚洲和非洲等新兴和不发达地区，这些地区市场规模仅占全球工程承包市场的40%左右，市场空间比较狭小。据了解，一个工程项目经常出现数十家中国建筑企业参加投标，竞争越来越激烈。

再次，国内各项配套的政策和措施不完善的问题。特别是在融资方面的支持力度还不够。

最后，工程设计咨询行业"走出去"相对滞后，中国工程技术标准国际化还处在起步阶段。据统计，目前在国际上使用中国标准的EPC（Engineering Procurement Construction，简称EPC）项目，只占到所有项目的19%，从金额方面来看，只占所有项目金额的22%。在国际上使用中国标准的项目，主要是公路、铁路、电力等一些大型基础设施项目。在地区分布上，印度尼西亚、肯尼亚、埃塞俄比亚等国家使用中国的标准。但就总体而言，使用中国标准比较少，大部分的国家还是采用欧标、美标、英标，或是本地标准。中国的工程咨询企业在国际上独立提供咨询业务的相对较少，大部分工程咨询企业是跟着承包商"走出去"，并且更多的是为中国承包商提供服务。在我国工程技术标准"走出去"方面，国内的工程承包商长期处在跟西方企业被动竞争的局面，特别一些重大的项目，前期的规划设计都是由欧洲的咨询企业来管理，中国建筑企业被迫使用他们的标准，这对开展对外工程承包工作带来了非常不利的影响。中国建筑企业要想在国际工程承包市场上站稳脚跟，必然要求我国的工程技术标准要率先走向国际市场。目前，虽然取得了一定的进展，但是相对来说，距离我们的国际化发展目标要求还有很大的差距。近些年来，营商环境逐步改善，我国加大对外工程承包业务的支持力度，出台了多项政策，中国的建筑企业也越来越倾向于参与投资业务，有了资金优势就可以推动这些项目所在国家更多地使用中国的工程技术标准，也为我国工程设计企业和咨询企业"走出去"创造了良好的条件。当然，我国的工程技术标准与国际上的标准还存在一些差距，这方面还面临很大的挑战，这就需要我国在工程技术标准国际化方面作出更大努力。随着我国工程技术标准国际化步伐和力度加大，将会为对外工程承包行业的发展进一步创造更多机会。

2. 未来发展的主要趋势与应对措施

一是工程承包行业市场分布的动态转移。包括难度较大的、有一定潜力的市场，例如，有代表性的墨西哥、印度、巴西、波兰、俄罗斯等国的市场。除此之外，就是向发达国家市场的转移。过去我国建筑企业的市场分布只是在亚非这些不发达国家，相对而言规模比较小。将来要向欧美市场，要向一些规模大的地区市场开拓。目前，我国建筑企业在美国、澳大利亚、英国都有一些突破，将来还会进一步加大向这些市场转移的力度，包括向墨西哥、印度、波兰、俄罗斯这些规模较大的市场转移，这是今后海外市场布局的发展方向。

二是对外工程承包业务多元化发展。通过各种方式实现对外工程承包业务的多元化发展，是应对日益激烈的市场竞争，以及所在国建筑市场周期性变化的必要手段。

三是工程承包业务模式的升级，特别是要注重"投建营一体化"模式。过去建筑企业习惯于开展施工承包和 EPC（Engineering Procurement Construction，设计采购施工又称工程总承包）工程总承包，将来是要开展"投建营一体化"发展，例如，集设计、采购、施工、融资、监理、运营管理全产业链于一体的亚吉铁路已正式通车运营，投资很大，需要具有较综合能力。

四是大型综合开发性项目建设是必然发展趋势。整体来看，与区域开发、资源开发、工农业开发、港口等基础设施开发，智慧城市建设等结合的大型综合性开发项目会越来越多，成为建筑企业必须密切关注的发展机会。现在上百亿美元的项目很多，所有的项目都需要进一步综合开发，不单单涉及一个工程，而是涉及一个区域的发展计划，甚至涉及一个国家整体的发展能否持续。将来，建筑企业要具备整体综合性开发的能力，包括区域开发、资源开发、工农业开发、港口等基础设施的开发。这些综合性开发项目是建筑企业主营业务今后发展的重要方向，建筑企业也会从工程承包商转型升级为产业开发商。

2.3 国家和行业层面对"一带一路"工程建设的政策支持

2.3.1 高层引领推动

中国政府积极推动"一带一路"建设，加强与沿线国家的沟通磋商，推动与沿线国家的务实合作，实施了一系列政策措施，努力收获早期成果。中国国家领导人先后出访20多个国家，出席加强互联互通伙伴关系对话会、中阿合作论坛第六届部长级会议，就双边关系和地区发展问题，多次与有关国家元首和政府首脑进行会晤，深入阐释"一带一路"的深刻内涵和积极意义，就共建"一带一路"达成广泛共识。

2013年9月7日，国家主席习近平在哈萨克斯坦纳扎尔巴耶夫大学发表题为《弘扬人民友谊 共创美好未来》的重要演讲，倡议共同建设"丝绸之路经济带"。

2013年10月3日，国家主席习近平在印度尼西亚国会发表题为《携手建设中国—东盟命运共同体》的重要演讲，倡议筹建亚洲基础设施投资银行，与东盟国家共同建设21世纪"海上丝绸之路"。

2013年11月，党的十八届三中全会通过的《中共中央关于全面深化改革若干重大问题的决定》明确提出"加快同周边国家和区域基础设施互联互通建设，推进丝绸之路经济带、海上丝绸之路建设，形成全方位开放新格局"。

2014年9月11日，国家主席习近平出席中俄蒙三国元首会晤时提出，可以把丝绸之路经济带同俄罗斯跨欧亚大铁路、蒙古国草原之路倡议进行对接，打造中蒙俄经济走廊。

2015年3月28日，国家主席习近平出席博鳌亚洲论坛开幕式并发表主旨演讲，提出"一带一路"建设不是要替代现有地区合作机制和倡议，而是要在已有基础上，推动沿线国家实现发展战略相互对接、优势互补。同日，国家发展改革委、外交部、商务部联合发布《推动共建丝绸之路经济带和21世纪海上丝绸之路的愿景与行动》。

2016年9月19日，中国与联合国开发计划署签署《关于共同推进丝绸之路经济带和21世纪海上丝绸之路建设的谅解备忘录》。这是中国政府与国际组织签署的第一份政府间共建"一带一路"的谅解备忘录，是国际组织参与"一带一路"建设的一大创新。2016年11月17日，第七十一届联合国大会协商一致通过第A/71/9号决议。这是联合国大会首次在决议中写入中国的"一带一路"倡议，决议得到193个会员国的一致赞同，体现了国际社会对推进"一带一路"倡议的普遍支持。

2017年5月14日至15日，首届"一带一路"国际合作高峰论坛在北京举行，主题为"加强国际合作，共建'一带一路'，实现共赢发展"。来自29个国家的国家元首、政府首脑与会，来自130多个国家和70多个国际组织的1500多名代表参会，形成了5大类、76大项、279项具体成果。2019年4月22日，推进"一带一路"建设工作领导小组办公室发表的《共建"一带一路"倡议：进展、贡献与展望》报告中指出，这些成果已全部得到落实。

2019年4月25日至27日，以"共建'一带一路'、开创美好未来"为主题的第二届"一带一路"国际合作高峰论坛在北京举行。37个国家的元首、政府首脑等领导人出席圆桌峰会，来自150多个国家和90多个国际组织的近5000位外宾出席论坛。会议形成了共6大类283项成果，通过了《第二届"一带一路"国际合作高峰论坛圆桌峰会联合公报》。

2.3.2 签署合作框架

中国政府与部分国家签署了共建"一带一路"合作备忘录，与一些毗邻国家签署了地区合作和边境合作的备忘录以及经贸合作中长期发展规划。研究编制与一些毗邻国家的地区合作规划纲要。截至2022年，中国已与182个国家和国际组织，签署了205份共建"一带一路"合作文件。此外，签署"一带一路"税收征管合作机制，开展"一带一路"能源合作。

2019年4月18日，"一带一路"税收征管合作机制在中国宣告成立。34个国家和地区税务部门在浙江乌镇共同签署《"一带一路"税收征管合作机制谅解备忘录》。2019年4月25日，"一带一路"能源合作伙伴关系在北京成立。来自30个伙伴关系成员国及5个观察员国的能源部长、驻华大使、能源主管部门高级别代表出席了仪式。

2.3.3　完善政策措施

中国政府统筹国内各种资源，强化政策支持。推动亚洲基础设施投资银行筹建，发起设立丝路基金，强化中国—欧亚经济合作基金投资功能。推动银行卡清算机构开展跨境清算业务和支付机构开展跨境支付业务。积极推进投资贸易便利化，推进区域通关一体化改革。

2014年11月8日，国家主席习近平在"加强互联互通伙伴关系"东道主伙伴对话会上宣布，中国将出资400亿美元成立丝路基金，为"一带一路"沿线国家基础设施、资源开发、产业合作和金融合作等与互联互通有关的项目提供投融资支持。2014年12月29日，丝路基金正式启动运作。2015年12月25日，亚洲基础设施投资银行正式成立，这是全球首个由中国倡议设立的多边金融机构，重点支持基础设施建设，促进亚洲区域的建设互联互通化和经济一体化进程。目前，亚投行拥有100个成员。

2019年8月30日，我国新设的山东、江苏、广西、河北、云南、黑龙江六个自贸试验区陆续揭牌，至此，我国的自贸试验区阵容扩大到18个，空间布局上遍布东西南北中，功能定位差异化明显，用实际行动表明了中国继续扩大开放的决心。

2.3.4　发挥平台作用

各地成功举办了一系列以"一带一路"为主题的国际峰会、论坛、研讨会、博览会，对增进理解、凝聚共识、深化合作发挥了重要作用。

2015年12月2日，由清华大学继续教育学院主办、清华大学继续教育学院国际教育部承办的"一带一路"倡议与大型企业"走出去"国际工程人才培养研讨会在清华大学成功举办。本次研讨会还特别安排了主题研讨环节，与会代表针对"一带一路"倡议下，大型企业"走出去"国际工程人才需求及培养，展开了热烈讨论。各企业代表纷纷从当前国际工程管理人才存在的问题以及企业自身需求出发，提出了对于国际工程人才培养的需求和建议，并希望与清华大学继续教育学院加强合作，共同助力"走出去"国际工程人才培养。

2019年4月24日，由新华社研究院联合15家中外智库共同发起的"一带一路"国际智库合作委员会在北京宣告成立。习近平主席向大会致贺信。"一带一路"国际智库合作委员会的成立，标志着"一带一路"国际智库合作迈上了新台阶。

"一带一路"沿线国家是我国对外承包工程业务的重点区域市场。2020年11月底，中国工程企业在"一带一路"沿线国家的营业额和新签合同额分别接近全部业务量的60%。

2.4 中国工程建设标准的国际化进程

2.4.1 中国工程建设标准的地位和作用

1. 标准和标准体系的定义

在国家标准《标准化工作指南　第1部分：标准化和相关活动的通用术语》GB/T 20000.1—2014条目5.3中，对标准的定义描述为："通过标准化活动，按照规定的程序经协商一致制定，为各种活动或其结果提供规则、指南或特性，供共同使用和重复使用的一种文件"。国际标准化组织（International Organization for Standardization，简称为ISO）的标准化原理委员会以"指南"的形式给出"标准"的定义："标准是由一个公认的机构制定和批准的文件。它对活动或活动的结果规定了规则、导则或特殊值，供共同和反复使用，以实现在预定领域内最佳秩序的效果"。简言之，标准是对重复性事物、活动和概念所作的统一规定，它以科学技术、管理和实践经验的结合成果为基础，经相关组织协商一致，由主管机构批准，以特定形式发布作为共同遵守的准则和规定。

标准体系是将一定范围内的标准按其内在联系形成的科学有机整体。或者说，标准体系为了达到最佳的标准化效果，在一定范围内建立的、具有内在联系及特定功能的、协调配套的标准有机整体。工程承包活动是一个复杂的系统，涉及众多的中间产品、服务和活动，每一种产品、服务和活动都有对应的、独立的标准化的规定，这些标准化规定既独立发挥作用，又构成为相互联系的有机整体。

2. 标准体系的作用

在现代市场经济条件下，建筑企业经营管理和工程项目结构越来越复杂，分工越来越明确，专业程度越来越高，需要参与的利益相关方相互配合，在技术上、管理上达成一致的协议，按照约定的数据、规格、方法等来进行相互协作，这就需要建立标准体系。在某一建筑产品领域范围内的标准需要集成起来，作为整体发挥作用，这就形成工程建设标准体系。工程建设标准体系能够贯彻落实国家建筑技术政策，规范建筑市场运行秩序，确保建设工程质量和安全生产，促进建设工程技术进步、科研成果转化，保护生态环境，维护人民群众的生命财产安全和人身健康权益，推动能源、资源的节约合理利用，提高建设工程的社会效益和经济效益，推动开展国际贸易和国际交流合作。

3. 工程建设标准的分类和分级

根据《中华人民共和国标准化法》，工程建设标准分为四级，分别是国家标准、行业标准、地方标准、企业标准。工程建设国家标准、行业标准按照属性又分为强制性标准和推荐性标准。强制性标准必须全面严格执行，不得随意取舍。工程建设地方标准也分为强制性标准和推荐性标准。标准体系一般以按一定规则排列起来的标准体系框图、标准体系表、项目说明来表达。

4. 我国工程标准体系的发展历程

1979 年，国务院颁发《中华人民共和国标准化管理条例》，这标志着我国标准化工作进入新发展时期。1979 年武昌标准化工作会议后，国家落实了工程建设标准化的具体政策，随即成立了中国工程建设标准化委员会，并于 1982 年在原国家经济委员会（1983 年转国家计划委员会）成立了基本建设标准定额局和标准定额研究所，归口管理全国工程建设标准定额工作。

1982 年 11 月国家计划委员会、国家经济委员会联合发出《关于加强基本建设经济定额、标准、规范等基础工作的通知》，强化了国家对工程建设标准工作的组织管理，在较短时间内，各行业、各省市相继成立了专门的工程建设标准定额管理机构，组织部分专家在京开展标准体系的研究和试点工作。在此后的几年时间内，各行业、各专业都以编制标准体系为契机，全面规划，明确了本系统、本专业的标准覆盖范围和构成关系，加快了进度，提高了质量，减少了标准之间的矛盾和重复。1980年后通过成立学术机构和标准管理组织，大力开展学术研讨和标准宣贯工作。协会、学术委员会和各专业委员会针对工程建设标准性质、体系表功能和层次关系、标准管理体制、推荐性标准的性质和编制方法、工程建设标准国际接轨等问题，进行了广泛、深入的探讨；新标准颁布，相关部门及时组织答疑宣贯；在较短时期内，相继编写出版了《工程建设标准化概论》《当代中国的标准化》（工程建设篇）《工程建设标准化大事记》《工程建设标准效益汇编》，创办了《工程建设标准定额》（《工程建设标准化》前身）杂志，编录了标准数据库。随着标准管理机构逐步健全，特别是委托协会管理推荐性标准的制订工作后，工程建设标准编制工作开始高速全面发展，到2020年，已编制颁发工程建设国家标准500余项、行业标准近3000项、地方标准1500余项，基本上满足了我国工程建设发展的需要。同时，一些关系国计民生的建设指标、建设标准和建设管理标准也相继编制颁布。可以说，目前我国的工程建设标准水平，在专业覆盖面、技术水准、编写质量等方面都已达到较高的水平。经过40多年的改革发展，约5万多名工程技术人员投入研究与探讨标准工作中。以技术委员会、专业委员会等组织为核心凝聚了一大批有经验的标准化技术专家，成为我国工程建设标准工作的骨干力量，为发展工程建设标准化事业奠定了良好的基础。协会的建立为开展国际交流、合作创造了良好条件。20世纪80年代开始，陆续派出标准化管理人员和专家出国考察，邀请国外专家来华讲学；鼓励国内工程企业积极学习和采用国外标准；推动标准管理体制和标准内容逐步与国际接轨。可喜的是我国已有不少工程建设企业能较好地掌握并采用国外先进标准，开展国际工程合作，参与国际竞争。

5. 努力建设国际化中国特色企业标准体系

国外较大的工程公司都有自己比较完善的企业标准体系，包括管理标准、技术标准、工程经济标准工作（作业）标准。通过编制和执行企业标准使标准体系与国际接轨，我国建筑企业也重视企业标准化工作，促进企业建成企业标准体系。企业标准等于"中国标准"加"国外先进标准"加"企业特长"。编制企业标准需要掌握足够的国际通用标准和外国先进标准做基础。国内一些大型工程公司，通过引进技术、承担国外工程任务，引进了大量的国际和外国标准。比较通用的国际标准是国际标准化组织（ISO）标准，国际电工委员会（International Electrotechnical Commission，简称IEC）标准。常用的外国标准有：美国的国家标准学会（AMERICAN NATIONAL STANDARDS INSTITUTE，简称ANSI）标准，美国石油学会重度（American

Petroleum Institute gravity，简称 API）标准，机械工程师学会（American Society of Mechanical Engineers，简称 ASME）标准，美国材料与试验协会（American Society for Testing and Materials，简称 ASTM）标准，美国钢结构设计协会（American Institute of Steal Construction inc，简称 AISC）标准，仪表学会（ISA）标准，美国阀门及配件工业制造商标准化协会（Manufacturers Standardization Society of the Value and Fitting Industry，简称 MSS）标准，美国消防协会（National Fire Protection Association，简称 NFPA）标准，混凝土学会（ACI）标准；德国标准化学会（German Institute for Standardization，简称 DIN）标准；英国标准协会（British Standards Institution，简称 BSI）标准；日本工业标准调查会（Japanese Industrial Standards Committee，简称 JISC）标准。此外，一些外国大型公司，例如，美国的凯洛格公司、福录公司、鲁姆斯公司；日本的日晖公司、三井公司；德国的乌德公司等，都是跨行业的著名工程公司。他们提供的标准也是国内工程公司编写企业标准的重要参考资料。对比中外标准可以看出，我国的工程管理、审查程序、设备、物资、材料规格、设计、施工、设备制造的技术水平，与国外都有一定的差别。

2.4.2 中国工程建设标准"走出去"的现状

据商务部统计数据，2020 年，我国对外工程承包业务规模保持平稳，新签合同额 2555.4 亿美元（折合 17626.1 亿元人民币）。其中基础设施类工程项目 5500 多个，累计新签合同额超过 2000 亿美元，占当年合同总额的 80%。一般建筑工程、水利建设类项目新签合同额增长较快，同比分别增长 37.9% 和 17.9%。完成营业额 1559.4 亿美元（折合 10756.1 亿元人民币）。对外劳务合作派出各类劳务人员 30.1 万人，2020 年 12 月末在境外各类劳务人员 62.3 万人。相比较稳步发展的成绩，中国工程建设标准走出去，就变得越来越紧迫。

1. 我国工程建设标准在"一带一路"沿线国家的应用状况

在"一带一路"沿线，中国建筑企业承建的 569 个对外工程项目中，从执行的主要标准情况看，中国标准占 35%，项目所在国标准占 24%，其他是美国标准、英国标准、法国标准。如表 2.4-1 所示，我国对外工程建设项目主要使用的国际标准及中国标准的应用状况。

据统计，越南、缅甸、老挝等东南亚国家主要使用中国标准，例如，缅甸迪洛瓦甸 10 万立方米油库和配套 2 万吨码头项目完全采用中国标准。

主要使用的国际标准及中国标准 表2.4-1

主要使用的国际标准

国际标准	响应	
	N	百分比
中标	200	35.15
美标	52	9.14
英标	44	7.73
法标	69	12.13
所在国际	136	23.90
俄标	26	4.57
其他标	42	7.38
总计	569	99.98

非洲有些国家经过沟通可以接受中国标准，一般情况下工程现场施工主要采用所在地标准。

俄罗斯联邦国家标准自成体系，工程建设项目要求满足当地标准。由中国设计的工程项目中，大多采用中国标准，但需要经当地设计院转化后才能符合当地标准。在俄罗斯联邦国家中，那些在地域上邻近中国的俄罗斯联邦国家项目表示可以接受中国标准，但必须解读中俄标准之间的异同，以便更好地接受中国标准。

以中国路桥工程有限责任公司为例，12个国家的公路工程项目中，安哥拉几乎全部项目采用中国标准，赤道几内亚50%项目采用中国标准。

中国工程建设标准的国际影响力日益增强。从下列数据可以略见一斑：由中国土木工程集团有限公司总承包的埃塞俄比亚到吉布提铁路，总投资40亿美元，全部采用中国标准和中国设备；中国冶金科工集团有限公司在巴布亚新几内亚投资的瑞木镍钴项目，项目总投资123亿元人民币，采用中国标准建设，带动中国装备出口31亿元人民币；国家电网有限公司总承包的埃塞俄比亚复兴大坝水电站500千伏送出工程，总投资14.6亿美元，全部按中国标准建设，主设备100%为中国制造，该工程已建成为非洲最先进的输变电工程。

"一带一路"沿线工程建设项目中，我国工程建设标准主要用在工程设计、土建施工、机电设备安装、装饰装修和产品材料上，其中标准应用最多的主要是土建施工占27.2%，工程设计占5.8%。

2. "一带一路"沿线国家执行的主要标准与工程投资方的关系分析

1）我国企业在"一带一路"沿线国家工程项目投资方分布情况

"一带一路"沿线国家的建设项目，工程投资方的模式主要有：

（1）中国政府援建／贷款／投资；

（2）中国企业投资；

（3）工程所在国投资；

（4）其他海外国家投资；

（5）其他。

2）不同的投资模式决定了应用标准的选择

从下图可以看出，在"一带一路"沿线国家，中国的对外工程项目投资方式多元化（图2.4-1）：

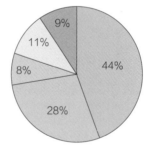

图 2.4-1　工程项目投资方分布情况

工程所在国政府投资占主要部分，占到44%，其次是中国政府援助／贷款／投资占到28%。

据统计分析，不同性质的项目类型采用中国标准的情况不同。

（1）经济援助类项目可以通过在合同中规定采用中国标准规范进行，基本上可全部采用中国标准及规范；

（2）框架类项目，由于是中国进出口银行、国家开发银行等政策性银行及商业银行，以优息、低息或者免息的优惠政策，为国外项目提供优惠贷款，在这类项目中，部分可以采用中国标准规范；

（3）国际招标类项目，由世界银行、亚洲开发银行等参与的公开招标项目，多由专业化的国际咨询公司担任招标、监理进度、质量和成本控制，中国企业参与竞标，此类的海外项目，一般不会采用中国的标准规范。

如果是中国经济援助项目或者是中国企业投资项目，使用的一般为中国标准。但是如果是商业投资项目，尤其是属地企业投资项目，采用的标准一般为国际标准，属地国另有规定的按其规定执行（表2.4-2）。

执行的主要标准与工程投资方交叉表　　　　表2.4-2

标准名称	执行的主要标准					合计
	中国政府援助/贷款/投资	中国企业投资	工程所在国政府投资	其他海外国家投资	其他	
中标	64	18	47	7	13	149
英标	4	6	25	9	1	45
美标	5	13	16	5	2	41
法标	13	0	43	5	0	61
当地标准	19	2	74	22	2	119
俄罗斯标准	10	0	0	9	1	20
国际标准	3	5	1	0	0	9
其他	10	1	3	9	2	25
总计	128	45	209	66	21	469

在表2.4-2中，通过将项目执行的主要标准与工程投资方作交叉分析，可以看出，中国政府投资、中国企业投资及所在国政府投资，中国企业建设的项目主要采用中国标准和所在国当地标准。同时也可以看出，虽然是中国企业承担的项目，英标、美标、法标、俄罗斯标准仍然具有强劲的优势，其中所在国投资的项目，法国标准和英国标准具有很强的话语权。

完全采用中国标准的工程项目主要有：柬埔寨体育场、老挝国家会议中心、亚吉铁路、亚的斯亚贝巴城市轻轨、非盟会议中心等大型中国援建项目，使领馆项目因涉及国家和政府机密，整个项目建造均采用国内人员设计和施工。

国际工程总承包项目中，采用中国标准设计的工程项目主要有：EPC项目如埃塞俄比亚商业银行项目、Kality、Sheogle公交车站，老挝1510-Y2项目设计方是中国设计院，采用的是中国标准设计，项目属地国若有当地标准则按照其标准审核设计结果。

采用项目属地国标准设计和施工的主要是有些商业项目设计方为属地设计院，采用的设计和施工标准为属地国标准，例如埃塞俄比亚NOC石油大厦项目、埃塞俄比亚国家体育场项目，我国企业则按照当地设计标准执行，由国内设计公司进行深化设计后实施。

3. "一带一路"沿线国家执行的主要标准与工程所在领域关系分析

在表 2.4-3 中，通过将项目执行的主要标准与工程所在专业领域交叉分析，可以看出：中国标准在电力工程、铁路交通运输工程、通信建设工程领域的应用比较占优势；公路、机场、港口交通运输工程领域、民用建筑领域、石油化工领域等在工程项目中执行中国标准的占 1/4；城乡规划工程项目只有 3 个全部使用中国标准（表 2.4-3）。

执行的主要标准与工程投资方交叉表　　　　　表 2.4-3

工程所在的专业领域	执行的主要标准								总计	
	中国标准	英标	美标	法标	当地标准	俄标	国际标准	其他		
城乡规划工程	3	0	0	0	0	0	0	0	3	（100%）
电力工程	23	2	0	0	0	0	0	0	25	（92%）
港口交通运输工程	7	8	2	2	8	0	5	0	32	（22%）
工业建筑工程	13	3	10	0	8	0	0	3	37	（35%）
公路交通运输工程	70	15	16	49	80	20	2	20	272	（26%）
机场交通运输工程	1	0	0	2	0	0	0	1	4	（25%）
民用建筑工程	4	1	4	2	5	0	1	0	17	（23%）
石油化工工程	9	10	9	0	7	0	0	1	36	（25%）
市政基础设施工程	5	4	0	6	7	0	0	0	22	（23%）
铁路交通运输工程	6	0	0	0	2	0	1	0	9	（67%）
通信建设工程	2	0	0	0	0	0	0	0	2	（100%）
其他	6	2	0	0	2	0	0	0	10	（60%）
总计	149	45	41	61	119	20	9	25	469	（32%）

4. 中国工程建设标准在"一带一路"沿线项目应用存在的问题及成因

据统计发现，95% 以上的企业认为工程在采用国外标准后，其总成本均显著增加。如图 2.4-2 所示，成本增加因素统计结果发现，企业在采用外方标准时，首先要替换材料标准，造成几乎 100% 企业材料成本都增加。

同时也从侧面反映中国的施工材料国际化程度低，国际通用标准大多比中国标准严格。在采取更高标准后，中国的材料大多不符合国际标准，不得不采购比中国标准成本高的国际标准原材料和设备，由此造成成本明显增加。相较于土建和设计，国内的机电设备安装、装饰装修材料等方面标准仍有较大改进空间来适应国际环境。

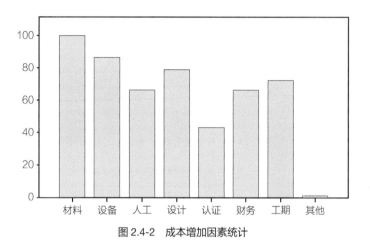

图 2.4-2 成本增加因素统计

调研分析可以看出，虽然我国的大型建设单位通过经济援助等方式，已经能够承担许多项目的建设，但大多数国际招标项目的建设仍必须采用欧洲标准、英国标准、美国标准等，采用中国工程标准的较少。不采用或者少采用中国标准有很多主客观原因，如表 2.4-4 所示。

不采用中国标准的原因 表 2.4-4

不采用中国标准的原因	响应	
	N	百分比
当地工程管理制度法规限制	74	36.30
甲方不采用	68	33.30
咨询方阻挠	12	5.90
外方不熟悉中国标准	41	20.10
其他	9	4.40
总计	204	100

1）客观原因

不采用中国标准的最主要客观原因是当地工程管理制度和法规限制，占比 36.3%，这是在政府层面上的暂时不接受中国标准。

此外，还有工程甲方不予采用、咨询方阻挠、外方不熟悉中国标准等。总体来看，中国工程标准的应用情况目前普遍受到国际标准的限制。

另外，工程总承包合同专项条款约定采用中国技术标准时，与菲迪克（International Federation of Consulting Engineers，简称 FIDIC，中文译为"菲迪克"）

EPC 合同条件，二者在叙述上存在着主次需满足的要求。在 FIDIC 合同条件 5.4 技术标准和法规中明确规定："设计、承包商文件、施工和竣工，均应符合工程所在国的技术标准、建筑、施工与环境方面的法律、适用于工程将生产的产品的法律，以及业主要求中提出的适用于工程或适用法律规定的其他标准"，这对于承包商在实际操作上存在着挑战，既要符合中国技术标准和规范，又要满足工程所在国的技术标准以及施工与环境方面的法律。

2）主观原因

中国工程标准缺乏国际竞争力的原因分析，如表 2.4-5 所示。

中国标准缺乏国际竞争力的原因分析　　　　表 2.4-5

中国标准缺乏国际竞争力原因	频数	百分比
编辑思路国际不通用	72	33.96
技术指标落后	32	15.09
风俗习惯文化对不上	34	16.04
技术上有差距	45	21.23
材料设备上有问题	29	13.68
总计	212	100

主要表现为标准编制思路国际不通用，技术指标明显落后于国际标准，风俗习惯文化等方面不符合东道国要求，材料设备标准与当地标准的差异大。中国建筑企业不了解当地标准，外方也不了解中国标准，中外标准的差异不清晰，故很难说服业主采用中国标准。

中国工程建设标准外文版本不成体系，国内虽有不同行业领域的标准外文版，但翻译版年代陈旧，缺少权威部门翻译的外文版，同时缺少成套的、形成体系的外文版标准。工程总承包特别是在初步设计阶段和详细设计（施工图设计）阶段，业主聘用咨询工程师或项目管理公司对设计图纸进行审查或设计审批，他们对中国技术标准不甚了解，中方设计人员又提供不了系统的外文版设计标准，双方很难达成一致意见，造成前期设计很被动，设计审批时间就会一拖再拖，往往造成项目总工期延误。

3）中国工程设计习惯与东道主国本土设计习惯的差异

在承接国外工程设计时，通常中方设计人员在设计中选用标准图集，一般单项工程做一套图纸，再对相邻子项作说明，但这种做法业主不认可。以越南为例，越南设计习惯把相关文件在一套图纸上展示。越南工程咨询商对深基础设计影响区域的相邻基础都要在同一张图纸中标识，而中方土方开挖图一般是由施工单位设计；越南工程咨询商要求由设计院通盘考虑设计、施工，包括单项的工程量清单。

中国的钢筋焊接规程与越南国家标准也存在差异，THESUN项目采用半逆作法施工，期间从国内购买一批钢管柱抵达项目施工现场，随材料一起到达现场的还有材料质量合格证明及材质证明书。但当地监理工程师及业主并不认可该合格证明，要求按照越南当地规范，对焊缝焊接质量、材料含碳量等指标重新检验。这种情况在其他国家也较为普遍。

4）管理能力有待提高

部分中国企业仍存在技术人员底子薄、人力资源短缺、项目管理体系不健全、标准执行能力较弱等劣势，影响了中国企业的信誉和长远发展。中方设计人员不熟悉合同和所在国家强制性法规，特别是建筑、电气及环境方面，业主往往聘用了解东道主国法规的国际咨询工程师或项目管理公司，提出较多设计修改意见，设计联络文件来回反复，中方设计人员由于不了解或者了解得不透彻，对修改意见不能提出具有说服力的证据，最后只好被动地接受外方提出的诸多要求，导致中国标准很难被采纳，而且还增加了不少成本。

综上所述，中国工程建设标准在走向国际工程承包市场时，要清醒地认知以下几点：

（1）处于"一带一路"沿线的中亚、南亚等国家对中国标准的接受程度相对较高。

（2）经济发达、标准成熟的国家对中国标准认可度不高。

（3）"一带一路"沿线的独联体地区，由于该地区较为发达，相关法律法规的制度也很完善。一般沿用苏联标准或者转化后的本地标准。

（4）"一带一路"沿线的非洲地区，许多项目属于援建项目，中国标准可以大量渗入。但是，由于非洲有些国家原来是法属殖民地，所以应用法国标准比较多。

2.4.3　中国工程建设标准国际化前景展望

住房和城乡建设部在《"十四五"建筑业发展规划》中提出，加强与有关国际标准化组织的交流合作，参与国际标准化战略、政策和规则制定。主动参与国际标准编制和管理工作，积极主导国际标准制定。加快我国工程建设标准外文版编译，鼓励重要标准制修订同步翻译。加强与"一带一路"沿线国家及地区的多边双边工程建设标准交流与合作，推动我国标准转化为国际或区域标准。加强我国标准在援外工程、"一带一路"建设工程中的推广应用。

为此，要建立具有中国特色的工程建设标准体系。在有效执行中国标准的基础上，以发挥企业技术、经济和管理优势为目标，广泛吸收国际通用标准和国外先进标准的适用内容，同时适用于国内、国外工程建设市场。在推进"一带一路"建设过程中，发挥标准化的基础性和战略性作用。

1. 工程标准的属地化

当前，中国工程承包商乘着共建"一带一路"倡议东风走出去，成绩斐然是不争的事实。据商务部统计数据，截至2018年9月，对外工程承包方面，我国建筑企业在"一带一路"沿线国家新签对外工程承包项目合同2916份，新签合同额732.9亿美元，占同期我国对外承包工程新签合同额的47.4%；完成营业额584.9亿美元，占同期总额的53.7%。标准是一种软实力，是一个国家或地区经济发展阶段的产物，是完成工程建设的通用语言，是推进共建"一带一路"倡议的重要抓手，实现中国工程标准走出去的重要性毋庸置疑。工程标准同时也是一种隐性技术壁垒。目前，发达国家凭借自身在资本、技术、人才上的优势，在国际市场竞争的过程中享有先发优势，尤其长期的殖民统治、文化影响，让一些国家和地区对发达国家的标准产生了依赖。由于中国在工程建设施工体制方面与西方国家不同，使得中国工程标准没有被广泛接受，中国工程标准想要真正"走出去"还需要一个长期的发展过程。"一带一路"倡议不是对外的援助计划，要遵循市场规律和国际通行的规则，致力于实现高质量、可持续的共同发展。

在中国走出去的战略路径上，要在保持中国特色的同时遵循这样的逻辑，将中国的文化与所在国的文化进行融合和发展，形成具有当地特色和中外合作元素的多元文化，进行人员属地化、制度属地化、文化属地化、标准属地化，以属地化的模式融入当地市场和文化，形成和谐共存的局面，赢得当地人的尊重和信任，实现可持续发展。具体到标准层面，中国工程标准想要走向世界，就必须具备符合国际上通用的解释语言、名词术语、检测方法、认证体系和质量控制标准，这同样需要结合当地的人文、习惯、法律和制度，形成最适用于当地的标准。

2. 标准的中外互认

中国工程建设企业在走出去的过程中，经常会遇到技术性贸易壁垒，造成重大损失，很大程度是由于信息不对称，不了解、不熟悉当地市场对于相关产品质量的技术要求。因此，必须推动中国与主要贸易国之间的标准互认，减少和消除技术壁垒，帮助建筑企业更好地走出去。中国工程标准不一定比欧美和日本差，国内现行的工程标准很多也是借鉴吸收发达国家的长处和国际标准，甚至等同采用。中国是世界上最大的建设市场，中国建设领域创造的世界奇迹，已经是不争的事实。尽管中国工程标准具备很多优势，但这并不意味着中国工程标准"走出去"就是一片坦途。由于中国的建设工程施工体制、规范应用与国外不尽相同，再加上最新的基础性标准外文版本出版不及时，缺少统一出版的外文版本，导致中国工程建设企业在项目当地缺乏标准依据，导致部分企业在走出去的过程中，因为采用标准问题蒙受损失。在推动"一带一路"建设过程中，标准是经济贸易往来与产业合作的技术基础和技术规则。国际化标准必须要有国际化特征，要真正体现"加强合作、共同应对、优势互补、共同发展"的宗旨。

3. 标准的创造价值

党的二十大报告提出：推动共建"一带一路"高质量发展。因此，要在保持健康良性发展势头的基础上，推动共建"一带一路"向高质量发展转变，这是下一阶段推进共建"一带一路"工作的基本要求。对于建筑企业来说，参与共建"一带一路"既是使命和责任，也是企业转型升级发展的必然趋势。在这个过程中，作为建筑企业，除了谋求自身的发展和壮大，更要注重为当地的发展创造更深远的价值。一方面，要认识到"一带一路"的成就是共享经济，让中国工程标准走出去，在提升建筑企业自身影响力的同时，帮助当地实现利益最大化，实现多方共赢；另一方面，也要加强建筑企业自身实力的建设，参与更高层次的合作竞争。除了参与施工建设，还要提高在咨询、设计、规划等方面的参与度，不断刷新中国建造的品牌力和美誉度。作为"一带一路"建设的实施主体，建筑企业要积极运用标准化手段，提升参与国际标准化活动的能力水平。但是，建筑企业的能力是有限的，全面深化与"一带一路"沿线国家和地区在标准化方面的双多边务实合作，需要从各个层面开展更多的合作交流，通过我国标准的海外推广应用和认可，更好地支撑我国产业、产品、技术、工程和服务"走出去"，服务"一带一路"建设目标的实现。

2.4.4 中国建造国际化发展战略

2017年2月21日，《国务院办公厅关于促进建筑业持续健康发展的意见》（国办发〔2017〕19号）中提出："强化队伍建设，增强企业核心竞争力，促进建筑业持续健康发展，打造'中国建造'品牌"。2019年元旦，习近平总书记在新年献词时指出："中国制造、中国创造、中国建造共同发力，继续改变着中国的面貌"。党的二十大之后，中国建造的高质量发展成为行业的首要任务。

推动中国建造高质量发展，首先，我们要深刻认识我国建造质量保证体系不够完善的现实，明确中国建造高质量的定义，认识到完善中国建造质量保证体系的难度、必要性和实现途径；其次，需要厘清我国科学系统的中国建造质量保证体系与城乡建设工作目标、重点任务之间的关系，从顶层设计、科技示范、重点工作、全社会参与等角度开展工作，在相对高速发展中建立完善中国建造高质量发展体系，推动中国建造国际化发展战略的实施。

1. 走好内生式发展之路

党的十九大报告中指出，"我国经济已由高速增长阶段转向高质量发展阶段，正处在转变发展方式、优化经济结构、转换增长动力的攻关期"。党的二十大报告提出：高质量发展是全面建设社会主义现代化国家的首要任务。建筑业作为传统制造行业，在面向实现第二个百年奋斗目标的新征程上，要坚持眼睛向内，做优做强做大，大力弘扬工匠精神，持续提升产品品质，提高供给质量标准和精细化管理水平，通过产品创新及转型升级，紧跟市场需求，做优产品服务，提升客户满意度，提高企业可持续发展能力。

1）提升产品品质

百年大计，质量第一。工程质量是建筑企业立足的价值基础。建筑企业要想实现高质量发展，必须立足于自身，以提高供给质量标准为主攻方向，持续加强工程品质管理。要强化和突出建筑的"产品"属性，树立品质品牌意识，大力发扬工匠精神，打造匠心产品。

2）强化精细管理

不论是国企还是民企，也不论是独资还是股份制企业，管理都是永恒的主题。企业要想持续发展，成为百年老店，就必须眼睛向内，苦练内功，实施精益建造，加强企业基础管理，完善内部运营机制，提高企业管理效率，实现降本增效，增强企业市场竞争能力。

3）推广绿色建造

为社会提供宜居的绿色建筑产品是建筑企业的终极目标，绿色建筑产品的生产依赖于绿色建造过程。传统的工程建造方式能耗大，资源浪费多，环境污染严重，积累的矛盾和问题日益突出，大力推进绿色建筑、绿色建造、绿色施工、绿色建材、绿色技术，降低建筑消耗，减少环境污染，是工程建设领域绿色低碳发展的大势所趋。随着"碳达峰、碳中和"和生态文明、环境保护要求不断提高，建筑行业和建筑企业都必须进行管理转型和产业升级，在绿色、节能、减排、环保上下功夫。

4）持续推动转型升级

建筑企业要加快从传统的按图施工的承建商向综合建设服务商转变。不仅要提供产品，更要做好服务，要不断关注客户的需求和用户体验，并将安全性、功能性、舒适性以及美观性的客户需求和个性化的用户体验贯穿在施工建造的全过程。通过自身角色定位的转型升级，紧跟市场步伐，增强企业可持续发展能力。

2. 走好国际化发展之路

"一带一路"倡议和国家开放格局给每一个企业都带来了无限的发展机遇，"走出去"是我国建筑企业参与国际市场竞争的重要途径，也是企业拓展市场空间，实现持续发展的必然选择。但目前，建筑业企业对国际工程承包市场还缺乏深刻的认知和全面把握，对国际惯例、通行规则还不熟悉，对"走出去"遭遇的挫折和教训尚未上升到规律性高度的认识和掌握。因此，要实施"走出去"战略，走好国际化发展之路，必须坚持"五步走"，即"走出去""走下去""走进去""走上去""走回来"。

1）"走出去"，也就是要坚定不移地迈出国门

中国建筑企业应当把国际化作为企业长期发展战略，编制国际化经营战略规划，构建相适应的海外业务发展与管理平台，推动从市场的国际化向管理体系的国际化、企业文化的国际化、人才集聚的国际化延伸。要积极稳妥地提升海外各种资源配置的比例，在人力、物力、财力等各方面要优先供给，政策上大力支持。同时，要坚持"有所为、有所不为"的策略，抑制急于求成的冲动，坚持比较优势、差异经营，依法合规经营，把品牌和商誉当作企业生命，维护企业品牌形象。

2）"走下去"，也就是要持续不断地深层次走向市场

中国建筑企业走出国门后，必然会遇到各种各样的问题和困难，绝不能遇到一

点困难就打退堂鼓，也不能"打一枪换一个地方"，更不能竭泽而渔，搞一锤子买卖。只有长期坚守，持续深耕厚植，才能有长期的收获。

3）"走进去"，也就是要坚持融入当地社会经济领域

中国建筑企业"走出去"要实施"属地化"策略，与当地社会经济领域实现深度融合，尽快了解熟悉当地的风土人情、风俗习惯、民族文化、市场交易规则。也可以通过实施海外并购，快速拓展海外市场并确立牢固的市场地位，引进海外管理经验、科学技术、人才资源，使企业运营管理与市场需求更加匹配，不断提升企业国际竞争力。

4）"走上去"，也就是要走上国际竞争的高端市场

中国建筑企业要积极研究世界一流的先进技术、先进管理，紧盯国际高端市场，承揽当地市场上具有重大影响力、标志性工程项目，打造世界一流的"中国建造""中国品牌"。要加强金融资本和产业资本的有效对接，立足全球资源，探索股权投资、股权置换、参与股权基金、项目债券、资产证券化、发行永续债等多种融资形式，深化与国内外金融机构的互利合作，构建起金融产业对海外发展的有力支撑。

5）"走回来"，也就是要把利润和资源收回来

企业经营不同于做慈善，"走出去"不能老做赔本买卖。中国建筑企业参与国际竞争，一定要遵循国际市场的通用规则，遵循基本的商业逻辑，获取属于自己应得的收益。敬畏市场，尊重常识，切忌头脑发热，意气用事，盲目跟风，在这方面中国建筑企业有太多的教训可以总结。

3. 走好创新型发展之路

创新是一个民族进步的灵魂，是一个国家兴旺发达的不竭源泉。习近平总书记指出，创新是引领发展的第一动力，是建设现代化经济体系的战略支撑。党的十八届五中全会提出创新、协调、绿色、开放、共享的新发展理念，把创新放在首位，以创新引领发展，突出了创新的极端重要性，创新是发展的不竭动力。在这个瞬息万变的世界，创新是企业永续经营的一大法宝。建筑行业是一个传统行业，中国建筑业是我国开启市场化进程比较早的行业领域，建筑企业作为完全竞争性的市场主体，必须锐意改革，不断创新，才能立于不败之地。建筑业的创新包括技术创新、管理创新、商业模式创新和体制机制创新等方面。

1) 技术创新

主要是指建造技术的革新与创造，新材料、新工艺、新设备、新技术的应用等。建筑企业应当加大技术研发和应用的投入，及时吸收国内外先进的施工技术、手段、方法，大力推行以装配式为核心的工业化建造方式，大力推行数字技术与施工技术的融合创新，大力推行环保节能、低碳、高效的绿色设计，绿色采购，绿色施工，绿色建造。

2) 管理创新

主要是指企业在经营管理、生产组织方式、运营机制等方面应当不断进行变革和创新。例如，项目法施工就是对过去计划经济体制下建筑企业法施工生产方式的一次创新，而法人管项目是对项目法施工生产方式的再创新，工程总承包、全过程工程咨询、建筑师负责制是对工程建设组织管理模式的新变革。供给侧结构性改革、高质量发展是在新形势下对建筑业如何解决"重快轻好、重量轻质"问题提出的新要求，但要实现这种要求，就需要进一步解放思想，在管理实践中大胆突破。

3) 商业模式创新

商业模式创新被认为在市场竞争中比管理创新、技术创新更为重要，未来企业间的竞争将不可逆转地进入"商业模式"的竞争。商业模式创新之一是"提升效率的商业模式"，其最直观的体现是注重成本的降低，包括时间成本、浪费的机会成本等方面。商业模式创新之二是"提升效益的商业模式"，其主要是指要打通价值链，通过 E＋P＋C＋O 的一条龙服务，将附加值较低的施工端向高附加值的设计、运营转型，从而实现效益提升。商业模式创新之三是"改善生态的商业模式"，随着环保要求不断提高，传统建造方式能耗大，环境污染严重，积累的矛盾和问题日益突出，建筑企业要不断探索以构件预制化生产和装配式施工为主的生产方式，以设计标准化、构件部品化、施工机械化、管理信息化为特征的"建筑工业化"的新型生产模式。

4) 体制机制创新

就建筑行业来讲，要走好创新之路，还必须进行体制机制创新。目前，我国的建筑业虽然经历了四十年改革开放和发展历程，取得了举世瞩目的成绩，形成了国民经济支柱产业、民生产业、基础产业的地位，但在行业管理体制上仍然存在许多长期积累的问题，例如，法制不完善、市场不规范、政企不分开等，这些都严重制约着社会生产力和部门生产力水平的提高，都需要不断地发展进行改革创新。

4. 走好建筑工人产业化发展之路

目前，国内的建筑业工人主要以未经过系统培训的进城务工人员为主。长期以来，我国建筑产业工人队伍存在数量不清、素质不高、年龄老化、流动无序、权益保障不力的状况，无论是社会、企业，对其职业生涯发展、个人素质提升的关注度较少。例如，对工人技术等级的评定不够科学、不尽合理；高素质技术工人在城市落户、社会福利等方面的政策措施难以落地；对工人的技术培训体系不健全。而且随着国内"人口红利"和低成本劳动力优势的减弱，这些问题将更加凸显。建筑业产品和服务是由从事产品和服务工作的人创造的，没有精益求精的"工匠精神"，就不可能创造出高品质的产品和服务，而精益求精的"工匠精神"是要经过长期培养养成的，并且还要建立起一套运行有效的长效机制。所以，走好建筑工人产业化发展之路是不可或缺的基础。

1）倡导工匠精神，优化高技能人才生存环境

要使建筑业全行业形成"品质化""精细化"的生产观念。尤其在典型建筑企业，要大力褒奖劳动模范等先进典型人物；在宣传方面，要将传统的小规模"点"式宣传扩大为有计划的系统性宣传；另一方面，积极应用融媒体，使"推动式"宣传可以转化为"主动式"宣传，从而实现"工匠精神"的真正深入人心，树立起崇尚"工匠精神"、尊重"工匠人才"的社会风尚，不断优化高技能人才的生存环境。

2）打造工匠辈出的人才形成机制

加大政策引导力度，促进人才供给制度改革落到实处。通过提品质、创品牌的具体措施，确保"中国建造2025"战略的全面落地。职业教育和技能培训部门要统筹职业教育、高等教育、继续教育协同创新，推进职普融通、产教融合、科教融汇，优化职业教育类型定位。要建立科学合理的"工匠人才"的职业发展通道，完善技术评价考核体系，对于技术能力的评价突出实用性、实效性，提高高技能人才的薪酬福利水平，改善进城务工人员的生活品质，从机制上保证"工匠人才"有一个良好的职业发展环境和生存生活环境，不断提高"工匠人才"的生活质量。

3）提升工匠群体职业素质

加强技术工人培训，着力提升操作工人的技术技能素质水平。要发挥政府、企业、个人和社会四个方面的积极性，建立起立体交叉、注重实效的操作技能人才培

训、使用、提高的制度体系架构。可由相关部门牵头，建立覆盖更全、标准更高、机制更优的技术工人培训体系，例如，在社会、学校（含培训机构）、企业三个层面建立连接更加紧密的培训体系，以改变现在普遍存在的进城务工人员"不培训就上岗"，或教学与实践脱钩的情况。

4）优化工匠队伍的管理体制机制

要加快畅通进城务工人员市民化发展的通道，改革城乡二元结构体系，拆除进城务工人员在户口、就业、住房、就医、社保、子女入学、升学、高考等方面的藩篱。可优先考虑在城市已生活工作一定年限、技能素质达到一定级别的中高级技能人才，使他们尽快市民化，享受市民的正常待遇，使他们能够长期在城市安居乐业、幸福生活。还应当设立一大批专门从事建筑工匠管理的专业机构，使广大的建筑产业工人队伍组织起来、健康成长起来。

5. 走好数字化转型发展之路

"信息互联技术"作为人类进入工业革命以来一次重大的、革命性的技术，已经深深地影响着当今社会的各个方面，推动着社会生产力的大幅提升。特别是"互联网+"概念的提出，加快了信息互联技术在各行各业中的应用。但是，客观地说，目前整个工程建设行业的信息化水平还不高，个体差异还比较大，少数优秀企业已经基本实现了企业级信息集成应用，达到了企业信息化 3.0 水平；也还有一些企业仍处在岗位级的工具性应用水平（即企业信息化 1.0）；大多数企业则处在部门级应用水平（即企业信息化 2.0），其中一部分企业正处于部门级应用向企业级集成应用的过渡阶段（可以称之为企业信息化 2.5）。工程建设企业信息化困难重重，概括起来有"三座大山"：一是 IT（Internet Technology，简称 IT）产品与企业管理的"两张皮"；二是各业务系统之间的"部门墙"；三是"业财资税"之间的"数据孤岛"。这"三座大山"严重阻碍着企业信息化的深化和提高，我们必须发扬愚公移山的精神，迎难而上，攻坚克难，持续努力，搬掉这"三座大山"，否则，企业信息化水平不可能实现根本性突破和飞跃。

1）真正克服"两张皮"

建筑企业信息化就是将建筑企业的运营管理逻辑互联网平台化，通过信息互联技术与企业管理的深度融合，实现企业管理数字化和精细化，从而提高企业运营管理效率，进而提升社会生产力。在这里，厘清建筑企业的运营管理逻辑是前提，管理业务与数字技术的深度融合是关键，数字化和精细化是方法和途径，提高企业管理效率和提升社会生产力水平是目标和目的。建筑企业运营管理有着它的基本规律和基本逻辑，对于IT企业来讲，应该从需求端出发，少一些互联网思维，多一些实体经济思维，以实体企业为主，以满足实体企业的管理需求为目标。IT企业只有透彻研究建筑企业和工程建设行业的需求，提供符合需求的产品，切实解决"两张皮"的问题，使建筑企业得以健康发展，IT企业自身也才能得到持续进步。企业经营管理只有真正运用信息互联技术，才能切实提高工作效率和企业效益，才能极大地提高企业生产力水平。

2）坚决打掉"部门墙"

信息化是以一定的标准化为基础的。企业管理信息化必须通过管理标准化、标准表单化、表单数据化、数据信息化、信息集约化来实现。建筑企业要多一点互联网思维，要站在IT的角度去思考，你既然要用这个技术，那你就得适应技术规则的基本要求，正如同要想在火车道上跑，就得把轮距做得跟火车轨道一样的宽度才能快速行驶。由于工程建设行业的特殊性和多样性，我们在推行管理标准化的时候，不能仅仅在管理行为的标准化上花气力，更应当在管理语言的标准化上下功夫。具体来说，就是要把管理语言细化为管理信息因子，通过统一的数据编码，形成统一的计算机能懂的管理语言，为实现管理与技术的深度融合创造条件。管理信息因子、标准化数据编码及其应用操作规范，可以归纳为两点，一是统一语言，二是统一信息交互规则。以管理语言的统一性满足管理行为的多样性。在进行企业级信息集成应用顶层设计时，必须着重考虑好核心、基础和目标这三大问题，核心是商务业务财务一体化主数据管理，基础是成本过程管控为主线的综合项目管理系统，目标是满足全集团多组织高效运营有效管控。只有能够满足核心、基础、目标这三个基本要求的信息化，才可以称得上基本实现了企业级集成应用。企业所有的业务系统都要在标准统一的主数据平台上进行信息互通、数据共享，才能实现各项业务横向与纵向高效协同集成。这里的关键要素是主数据标准必须统一，各业务系统数据必须与主数据系统互通。否则，各业务系统之间就会形成"部门墙"，数据不通、数据不准、数据不全的问题就难以解决，就会长期制约着企业信息化水平的提高。

3）切实拆除"数据孤岛"

企业经营的基本逻辑是收支平衡。任何一家企业要想持续经营，最基本的要求就是要实现收支平衡。工程项目自中标签约开始，到最终完成结算和交付，整个过程涵盖了各类管理行为，这些行为均围绕成本、收入及效益之间的关系展开。实现商务过程成本和财务收支核算的无缝连接，实现商务成本、财务核算、资金支付、税费缴纳等经济数据的完整、准确、一致，是企业信息化过程中必须面对、必须解决的基本问题。对工程建设企业来说，经营管理的基本指标有两个，一是利润，二是现金流。企业经营管理的成果主要体现在经营性净现金流和净利润两大指标上，经济类业务包括业、财、资、税四个方面，这四个方面产生出八组基本数据。这两大指标、四个方面、八组数据是企业经营管理的最基本目标，它们之间相互关联、相互影响，是一个不可分割的整体。企业信息化建设就要通过信息互联技术去完成、去实现这种需求。企业信息化只有实现管理和技术深度融合，才是好的信息化，这也是技术应用好坏的检验标准，是信息技术应用成败的试金石。

信息互联技术的应用是一场伟大的革命，建筑企业的信息化，慢不得、快不得。慢了就会落后，但也快不得，因为信息化有个过程，同时也不能停、更不能丢，否则就会失去发展的机会，就会被历史所淘汰。可以说，谁拥有信息互联技术，谁就拥有未来。唯物辩证法告诉人们，事物总是在螺旋式上升、变化中发展的，世界总是在波浪式前进的。在充满不确定性的今天，世界的无限变化给了我们无限的可能和无限的希望，只要我们面对变化，拥抱变化，脚踏实地，与变化共舞，与时代同行，沿着正确的信息化道路前进，就一定会达到光辉的彼岸。

第3章 国际工程项目管理要素及发展趋势

3.1 工程项目管理的概念

3.1.1 工程项目管理的定义和分类

1. 工程项目管理的定义

工程项目管理是以建设工程项目为对象，围绕项目管理目标，进行系统的、规范的、全过程的管理。从另一个角度而言，是具备相关资质或能力的项目管理组织，接受项目业主的委托，在委托合同约定的范围内，遵照有关法律法规和规范，运用系统的理论和技术方法对工程项目进行计划、组织、协调、控制、监督等全过程的管理。

2. 工程项目管理的分类

工程项目管理按服务阶段划分，可分为勘察阶段的项目管理、设计阶段的项目管理、招标阶段的项目管理、项目实施阶段的项目管理。勘察阶段的项目管理主要是接受项目业主的委托，对工程项目勘察全过程进行管理，主要是协助业主组织勘察招标、监督工程勘察、监督工程检测、协调勘察单位的关系、勘察要求及经济性分析等。设计阶段的项目管理在接受项目业主的委托对工程项目设计全过程进行管理的前提下，主要是协助业主组织设计招标、确立项目目标、表述设计意图、协调设计单位的关系、设计标准及经济性分析等。招标阶段的工程项目管理在接受项目业主的委托、对项目招标全过程进行管理的前提下，主要是协助业主拟定招标文件、考察审核投标单位、编制工程量清单、指引投标人踏勘现场、书面解答投标人提问、选择最佳承发包模式和合同计价方式等。项目实施阶段的项目管理在接受项目业主的委托对项目实施全过程进行管理的前提下，主要是协助业主进行合同管理、进度控制、质量控制、造价控制、信息管理、对监理及其他单位或部门的管理与协调等。

3.1.2 工程项目管理成功的要求和要素

1. 工程项目管理成功的要求

通常，评价工程项目管理是否成功应当包括以下要求：

（1）确定可行的目标；
（2）满足相关方的期望；
（3）提高可预测性；
（4）提高成功的概率；
（5）在适当的时间交付；
（6）解决问题和争议；
（7）及时应对风险；
（8）优化组织资源的使用；
（9）识别、挽救或终止失败项目；
（10）管理制约因素（例如，范围、质量、进度、成本、资源）；
（11）平衡制约因素对项目的影响（例如，范围扩大可能会增加成本或延长进度）；
（12）以更好的方式管理变更。

2. 评价工程项目管理成功的要素

项目管理过程、工具和技术的运用为项目最终达成目标奠定坚实的基础。通常，评估项目管理是否成功包括如下要素：

（1）完成项目效益管理计划；
（2）达到商业论证中已经确定的财务测量指标。这些财务测量指标可能包括但不限于净现值（Net Present Value，简称NPV）；投资回报率（Return on investment，简称ROI）；内部收益率（Internal Rate of Return，简称IRR）；投资回收期（Pay back Period，简称PBP）；效益成本比率（Benefit Cost Ratio，简称BCR）；

（3）达到商业论证的非财务目标；

（4）履行合同条款和条件；

（5）达到组织战略、目的和目标的要求；

（6）使相关方满意；

（7）满足约定的交付质量；

（8）遵循各项法律法规的要求（包括项目所在国）；

（9）满足合同规定的其他成功标准或准则（例如，进度、性能考核）。

3.2 国际工程项目管理特点及策划要素

3.2.1 国际工程项目管理特点

1. 国际工程项目受到国际政治、经济影响因素的权重大

除了工程本身的合同义务和权利外，国际工程项目可能受到国际政治和经济形势的变化影响较多。例如，某些国家对于工程承包商实行地区和国别的限制或者歧视性政策，还有些国家的建设项目受到国际资金来源的制约，也可能因为受到国际政治形势变动影响而中止。

因此，在建设项目策划阶段要做好相关风险识别和防范措施的制定工作，并在项目执行过程中，需要对风险应对措施不断进行跟踪并及时调整，确保将项目执行过程的风险始终置于可控范围。这包括但不限于：

1）合规性要求

（1）工程项目立项审批程序的符合性；

（2）工程建设项目招标投标流程的符合性；

（3）工程项目设计标准的适用性；

（4）工程项目施工过程技术规范的适用性。

2）所在国的政治形势

（1）战争内乱和政权更迭；

（2）国有化没收外资；

（3）政府干预竞争的风险；

（4）拒付债务。

3）所在国的法律、法规相关要求

（1）合同执行主体的资质要求；

（2）注册公司要求（子公司\分公司\代表处等）；

（3）税务、财务审计要求；

（4）工作准证（劳工政策、用工制度、工会等）；

（5）注册工程师要求（建筑、结构、消防、电气、职业健康安全和环境等）；

（6）所在国相关政府许可要求（包括建设期和投料试车期，例如，噪声、污水、安全、消防、压力容器、放射性设备材料管理等）；

（7）当地成分要求；

（8）报关、清关要求；

（9）外汇管理要求；

（10）项目融资要求等。

2. 国际工程项目建设基本程序的内容及分工的差别

与国内工程建设相比，国际工程项目建设基本程序在项目各个阶段所包含的内容及分工略有不同。国际工程项目建设基本程序如图 3.2-1 所示。国外的工程项目建设投资主体为项目业主，普遍采用 EPC 工程总承包、PMC（Production Material Control，简称 PMC，是生产计划与物料控制）项目管理承包等管理模式。为适应这些模式的管理需求和规律，美国和欧洲的工程公司习惯于将整个工程项目建设过程（以石化工程项目最为典型）划分为 FEL（Front-end Loading，简称 FEL）—EPC—Start up—Operation 四个过程。以下重点介绍 FEL 过程。

FEL（Front-end Loading，简称 FEL）可以称之为前期工作，用以定义、明确和协调拟建项目的实施策略、商务投资、工艺技术、工程建设和运行管理等各项要素。FEL 过程的完成是项目建设的一个重要里程碑节点，标志项目完成了项目评估、工艺技术确定、功能和建设范围明确的定义阶段，可以全面进入 EPC 实施过程，是项目相关各方（业主、投/融资方、专利商、承包商等）关注的一个重要里程碑节点。根据工作内容，整个 FEL 过程分为 FEL1、FEL2 和 FEL3 三个阶段。

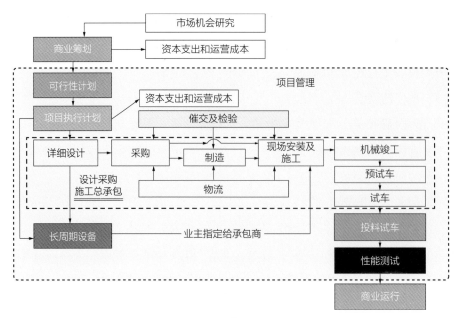

图 3.2-1　国际工程项目建设基本程序示意图

1）FEL1：商业策划阶段

FEL1 阶段是由投资者根据市场需求和商业经营策略，提出投资意向后需进行的第一步工作，FELI 阶段的主要任务是：确定商业目标；市场评估；筛选专利、技术；法律／安全／健康／环境／评估；策略风险分析；项目初步估算（±30%～50%）。

2）FEL2：可行性计划阶段

FEL2 阶段的工作是概念设计或可行性研究，由业主在 PMC／专利商的支持下实施，主要任务是：工艺设计基础确定；可行性研究；在 PMC／专利商的协助下确认装置工作范围；制定材料管理策略；财务融资计划；项目投资估算（±20%～30%）。该阶段完成后，约 5%～10% 的工程设计和管理工作量完成。

3）FEL3：项目执行计划阶段

FEL3 阶段的工作是前期工程设计和项目实施先期策划，PMC 或专业工程公司主导该阶段的工作，专利商和工程承包商参与支持，主要任务是：完成项目定义；开展前期工程设计；合同策略制定；专利／工艺技术选择；基础工程设计包交付；专利商和工程设计承包商介入工作；明确接口和范围；确定项目执行计划，包括划定工作范围、项目投资概算（±10%，可用于 EPC 招标）、项目计划（项目三级计划）；项目合同计划制定；EPC 招标文件准备。该阶段工作完成后，约 20% 的工程设计和管理工作量完成。

从过程对应关系看，FEL 过程的工作内容包含了我国传统项目建设过程的项目建议书、可行性研究、基础设计（初步设计）阶段的主要技术内容，但由于考虑问题的深度和广度不同，所以 FEL 过程的工作内容和交付文件较多。

FEL 过程的出发点就是从项目整个生命周期的立场出发，强化项目前期的决策工作，为项目相关各方提供一个定义充分准确的，变更少和风险小的，便于后续 EPC 工作实施的前端工程设计（Front End Engineering Design，即 FEED）工作包文件。

FEL 是一个完整的项目前期过程，虽然也分为三个阶段，但是工作内容逐步深化的阶段而不是不同的审批阶段。FEL 是一个完全由项目业主主导的，由专业咨询／工程公司实施的，独立的项目分析、定义过程，它的目标是从项目生命周期全过程价值最大化的角度考虑项目的投资、进度、质量、技术等要素的协调；项目决策正确，项目定义准确，提供一个合理的项目执行基准；减少项目实施的变更；降低项目生命周期的投资（不只是建设期投资）；降低项目风险；保证良好的装置开车和操作性能；保证 EPC 阶段的工作顺利展开。

3. 国际工程项目管理规范和标准内容庞杂，差异大

与国内工程项目相比，国际工程项目管理的规范和标准内容庞杂，差异大。国际工程都要求采用在国际上被广泛接受的技术标准、规范和规程。国际工程承包合同文件通常由两大部分组成：一是针对商务和法律方面的文件，主要是规定各方的义务、责任和权利；二是针对技术方面的细节规定，不仅包括工程的内容和范围，还要规定其工程、设备、材料和工艺各方面的技术要求。各个国家可能都有自己国内使用的标准、规范和规程。此外，工程项目的业主也会提供一部分企业惯用或自行编制的一些标准；同时承包商还应收集和了解当地的一些习惯性做法，使本企业能适应当地的惯用规程。

4. 国际工程项目所在地的资源相对缺乏

与国内工程相比，国际工程往往会出现项目所在地甚至所在国资源相对缺乏的情况，这体现在以下几个方面：

1）施工资源的缺乏

在项目前期策划时，首先，需要考虑到当地施工人力资源是否能满足项目要求，同时要考虑到当地施工队伍的专业性、管理的成熟度、劳动工效等因素，如果

不能满足项目要求，则要考虑到从国内动迁队伍所带来的相关要素，包括劳工许可、营地建设、境外公共安全等。其次，要考虑当地物资是否能满足项目的需求，例如，大型施工机具、砂石料、混凝土等。

2）进口物资 OSID（The Import One-Stop stop，简称 OSID，一站式进口服务）处理对于工期的影响

工程项目建设所需要的进口物资，在开箱检验中发现物资有遗漏、短缺、缺陷、毁损或与合同约定有不符之处，必须要求卖方在约定的时间内将修理完毕、更换或补发物资运到买方指定交货地点，以避免造成对工期的影响。

3）超限设备的运输

运载超限的不可解体的物品且影响交通安全的，机动车应当按照交通管理部门的规定，办理有关许可手续，采取有效措施后，按照指定的时间、路线、速度行驶，悬挂明显标志。未经许可，不能擅自行驶。

5. 项目合同管理严格，承包商应树立履约意识

国际工程项目管理均以合同为依据，由业主或业主指定的项目管理承包商对承包商实施管理。一般合同中对于进度、性能考核、项目关键人员的更换等会设置相关罚则，一旦承包商触发了合同中规定的罚则，承包商将面临被动局面。因此，承包商应树立履约意识，充分研读合同，提出应对措施，尤其对于罚则、暂停、中止、终止、变更、争议解决机制等重要条款进行风险管理。

6. 国际工程项目采用联合体方式执行项目管理

国际工程项目管理往往受到业主对于风险偏好的影响而要求承包商组成联合体执行项目。

按照国际商会（International Chamber of Commerce，简称 ICC）定义，将联合协议分为合资企业（Joint Venture）和联盟（Consortium）。其中 Joint Venture 成员之间根据他们各自在 joint venture 中所占有的比例，分享或分担所有的风险、责任、权利、利益和利润。对于雇主来讲，joint venture 的各成员应当就整个合同责任承担连带责任。Joint venture 中的各成员，一般都是在他们所处的商业领域中属于同类型的企业，并且能够理解各自的商业操作以及相关的风险。在 Consortium 中的合作各方，尽管也需要就整个合同的履行向雇主方承担连带责任，但是，联合体成员之间，仅就各自在整个合同中所负责的部分承担相应的责任。联合体中的一方会被

其他成员方指定为联合体的牵头人，来管理与雇主之间的合同履行。通常，牵头方有权代表各成员方与雇主方进行谈判，但是并不能随意代表他们与雇主签订或达成任何协议。

7. 国际工程项目管理需要跨文化沟通

国际工程项目管理还面临着工作语言、跨文化交流等诸多特点，在项目执行过程中，要做好策划、识别及制定相应的措施，确保项目的顺利实施。

3.2.2 国际工程项目管理策划要素

国际工程项目管理策划要素，如图 3.2-2 所示。

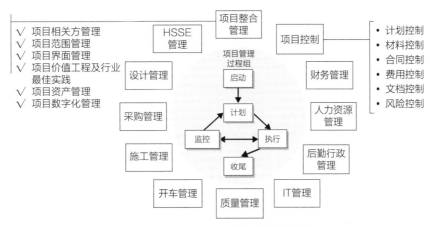

图 3.2-2 国际工程项目管理策划要素图

3.3 国际工程项目管理的原则

3.3.1 全生命周期目标管理原则

项目管理的主要使命和目标是通过恰当的计划和控制，使参与项目实施的项目团队和公司各部门、各环节实现最有效的运作，达到预期的进度、费用、质量和效益目标要求，在利益相关方满意的同时，获得最好的经济效益。

在项目的规划和实施全过程中，围绕着合同规定的时间、费用、性能保证、技术和质量要求，由项目主任、项目经理、设计经理、采购经理、施工经理、开车经理以及控制经理、计划工程师、费用控制工程师、材料控制工程师、合同工程师、质量工程师和HSE（Health、Safety、Environment三位一体的管理体系，简称HSE）工程师共同负责，充分整合公司资源和项目资源，通过项目的各项管理和控制工作，组织项目实施，高效率地完成项目目标。这是项目管理人员在项目成立至项目结束这一全生命周期中，实施管理职能的主要任务。如图3.3-1所示。

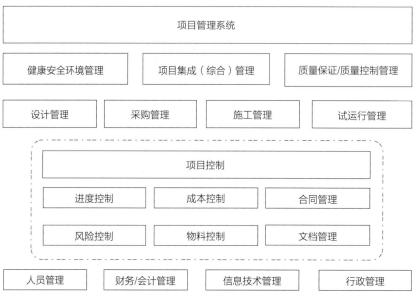

图3.3-1　全生命周期的目标管理原则示意图

3.3.2　项目经理负责制及矩阵式管理原则

为适应承担国际工程项目的需要，对所执行的项目实行项目经理负责制，采用矩阵式管理组织机构。矩阵式管理是指项目部各岗位与公司常设职能部门和专业部、室形成的矩阵关系。公司的职能部门和专业部、室是公司常设的组织，它们负责各个专业技术的基础工作、人员培训、技术水平的提高及日常行政管理。在项目实施过程中，从公司的职能部门和专业部、室派出合格的专业人员，组成以项目经理为核心的临时性项目组织，项目部各岗位人员接受项目和所在职能部门和专业部、室双重领导。

国际工程项目管理采用强矩阵管理模式。项目合同签订后，公司任命项目经理，由项目经理牵头组建项目部。项目经理（或项目主任）是项目组织的最高领导，对外由公司法人代表授权代表公司全面履行合同。在矩阵式管理工作模式下，项目经理按照相应的权限指引或规定，负责对内承担项目管理的责任和权力，各职能部门提供人力、技术、装备等资源支持。

3.3.3 项目统筹控制原则

项目统筹控制的主要目的是通过系统化、标准化、动态量化、EPC 的纵向和三大控制的横向的两个一体化，使参与项目实施的各部门、各环节进行最好的运作，优化资源和费用的使用，实现预期的费用、进度、质量和效益目标要求，使业主满意的同时，获得最好的经济效益。具体来说，运用项目统筹控制的原理，实现工作结构的系统分解、费用的合理划分、成体系的计划系统等实现项目控制的系统化目的；利用标准的工程数据库和管理数据库、工作程序和 IT 系统，实现标准化的目的；基于 EVC（Earned Value Concept，简称 EVC，赢得值原理）原理的量化检测，达到动态的量化控制；通过设计为主体的工程承包，深化设计工程数据库的应用，达到 EPC 纵向数据共享和三大控制的统筹一体化管理的目的。

充分发挥项目控制在项目管理和项目生产工作中的作用，强化项目计划与进度控制、项目费用控制、项目材料控制及项目合同控制等管理领域、规范工作方法和程序，实现全面提高公司的项目管理和控制水平，提升项目统筹控制的管理效益，促进和确保公司的项目控制工作与国际工程管理模式一致，实现项目控制在设计、采购、施工、试车服务的生产过程中四个控制管理专业（计划、费用、材料、合同）的一体化。

3.3.4 设计、采购、施工、试车统筹协调与深度交叉原则

设计、采购、施工、试车可以应用并行工程原理，进行科学合理的深度交叉，综合考虑设计、采购、施工、试车流程的一般要求和特殊要求，找出工程项目建设的关键路径和重大节点，在详细工程设计开始前，设计提供长周期设备的询价文件，为尽早开始现场施工提供料单和相应的施工图纸；在施工阶段，在不改变设计意图的情况下，可以由采购人员、施工人员根据现场实际情况提出合理优化设计的建议。在工程总承包项目（交钥匙工程）启动后，要及时组织工艺系统划分，识别优先级，确保施工进度能够满足试车调试的要求。

在基础工程设计阶段，设计充分与采购、施工沟通，从工艺方案中优选既可做到满足工艺功能性要求，又能满足制造和可施工性的最佳方案。详细工程设计阶段，认真吸收制造和施工方面的建议，进行优化设计，充分体现出设计、采购、施工、试车四位一体技术的科学性和合理性。通过设计、采购、施工、试车统筹协调，深度交叉，积累设计、采购、施工和试车经验，体现"一站式服务"优势，全

面提高项目管理水平和工程项目建设质量，确保项目按合同进度要求建成达产，与业主实现双赢目标。

3.3.5 集中采购管理原则

工程项目的设备、材料实行集中采购原则，利用"价格杠杆"，在进度、费用、采购资源、采购批量、交货期、运输路径、设备材料后期维护与维修上进行最优化统筹，实现采购利益最大化、成本最小化。各个工程项目的设备、材料在项目采购主任或采购经理领导下，按照统一的权限划分、工作程序、采购原则、采购标准进行采购。

3.3.6 施工科学管理原则

施工阶段是基本建设的重要环节，各种矛盾集中反映在施工现场。实行科学的施工管理，可以及时发现问题，采取有效措施，加快进度，节省费用，保证质量。首先，要高度重视施工组织与部署，保证工程按控制点实现中交。其次，要加大质量控制力度，加强对材料的控制、安全管理，提高施工质量。再次，要夯实内部管理，建立健全规章制度，明确各岗位的工作职责、工作关系、工作程序，提高工作效率。

3.3.7 试车管理科学严谨原则

生产准备工作贯穿于工程建设项目始终。试车工作要遵循"单机试车要早，吹扫气密要严，联动试车要全，投料试车要稳，试车方案要优，试车成本要低"的原则，做到安全稳妥，开车一次成功，并实现在装置投料试车后的"安、稳、长、满、优"运行，为建设单位带来良好的经济效益。

3.3.8 项目集成化管理原则

广泛应用IT技术进行项目全过程的集成化管理。在项目实施的各阶段，以三维模型设计为基础，以数据库为手段，以物资流、资金流和工作流为核心，以办公自动化系统为平台，共享信息，实现设计、采购、施工、项目管理之间的纵向集成以及工程设计各专业之间、采购施工各工序之间、项目管理各控制专业之间的横向集成。以实现大型项目、多项目（项目群）的精细化管理，使公司对项目的投入效率最高。

3.3.9 项目管理技术与工程技术发展相结合的原则

随着国际石化工程装置大型化，投资额度高的趋势，导致的工程建设风险不断增加。作为应对措施，炼油化工工艺创新、工程技术创新和项目管理方法与手段创新成为国际工程发展的新特征。采用《项目价值工程及行业最佳实践》方法，从项目全生命周期，从工程项目管理的角度，引入价值增值（Value Improving Practices，简称 VIP）、责任分配矩阵（Responsibility Assignment Matrix，简称 RAM）、模块化建造等理念，使项目实施达到质量、性能满足客户要求，工程造价合理，风险可控的预期目的。

3.4 VIP 在工程项目管理中的应用

3.4.1 价值工程的定义与特点

1. 价值工程的起源

二战时期材料资源短缺，各国都寻求材料替代方案。1947 年，美国通用电气公司工程师 L.D Miles 首先发表了《价值分析》一书，标志这门学科的正式诞生。1954 年，美国海军应用了这一方法，并改称为价值工程。20 世纪 50 年代日本和联邦德国学习和引进了这一方法。1965 年前后，日本开始广泛应用。中国于 1979 年引进相关理论。

2. 价值工程的定义

以产品或服务的功能分析为核心，通过集体智慧和有组织的活动而进行的创造性工作，寻求用最低的寿命周期成本，可靠地实现产品或服务的必备功能，以获得最佳的综合效益的一种管理技术。三个基本要素：价值、功能和寿命周期成本。

3. 价值工程三要素之间的关系

价值工程原理可用公式 $V = F/C$ 表示，其中 V 表示 value 价值，F 表示 function 功能，C 表示 cost 成本（图 3.4-1）。

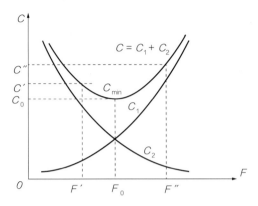

图 3.4-1 价值工程原理示意图

4. 价值工程的特点

（1）着眼于项目全生命周期成本：价值工程的目标是以最低的全生命周期成本，使产品具备它所必须具备的功能；

（2）核心是对产品进行功能分析；

（3）将产品价值、功能和成本作为一个整体同时来考虑；

（4）强调不断改革和创新；

（5）要求将功能定量化；

（6）以集体的智慧开展的有计划、有组织的管理活动。

3.4.2　VIP 的内容与应用

1. VIP 的概念

价值增值（Value Improving Practices，简称 VIP）是在价值工程（Value Engineering，简称 VE）理论的基础上发展起来能给项目带来增值的价值工程方法，旨在去除项目建设过程中不产生任何价值的投资活动，并通过价值增值方法，降低工程建设项目总投资和项目寿命周期成本，增加项目净现值（NPV），从而最终达到降低项目投资费用的目的。VIP 是基于价值工程的概念结合工程行业的实践而衍生出的具有可操作性的管理方法，用于改善建设项目的成本、进度和可靠性。

通过 VIP 使得不同的部门之间加强对话，并对工程项目的目标及优先等级等达成共识。例如，是以最低的可能的建造成本建造还是寻求最大的 ROI）建造抑或是预算范围内的寻求最大 ROI 建造等，通过系列的 Value Engineering 将技术路线，技术方案，技术要求，符合设定的项目目标、满足项目所在地要求、合理、节省投资费用，保证投资回报率，确保建设设施的质量能够支持业务发展目标（例如，可靠性水平、易扩展性、自动化水平、设施寿命、预期的开工率等）。

VIP 提供一个系统的方法创造性地挑战和记录项目决策，以提高工程质量水平，成本效益，并减少项目执行时间。在不牺牲项目整体性能、质量和可靠性的前提下，优化项目执行过程，减少不必要的成本。系统地区分"想要"和"需要"，并去除"想要"。根据美国的相关文献，坚持使用 VIP 可以节省 5%～10% 的投资成本。

2. VIP 的主要内容

通过价值工程（Value Engineering）原理应用，使技术路线，技术方案，技术要求，符合设定的项目目标、满足项目所在地要求，合理节省投资费用，保证投资回报率。

（1）设定项目目标满足投资方的商业目的（Set project objectives to meet The business purposes of the investor）。

（2）技术方案比选（Technology selection）——确保项目所采用的技术具有竞争力。目标的实现通常是采用在当前其他项目中被成功使用的技术。

（3）流程简化（Process Simplification）——通过修改、合并或削减一项或多项工艺步骤来减少投资需求，降低操作成本。一般是在工艺设计过程中评价现有工艺或选择最优级别的工艺使没有价值增值的投资最小化。

（4）设计能力最佳化（Design to capacity）——评估主要单体设备的最大能力，设置最低的余量。通过组织专家评价主要单体设备的最大能力，从而使设备能力最大化，其前提是不提高设计安全系数。

（5）平面图分析（Plot plan analysis）——满足功能需求，寻求最佳的建筑物定位，便于基础结构、主体结构施工，场内运输和材料临时堆放，以及有关专业管线布置和施工总平面布置。

（6）定制标准与规范（Customization of Standards and Specifications）——使标准规范、工程规定与项目目标相一致。通过挑选最适用于项目的标准规范、工程规定，以及在确保不超出项目实际需求的前提下修改工程规定，以满足项目目标。

（7）可施工性研究（Constructability）——从施工角度是可实现选定的技术路线，技术方案和技术要求。

（8）可靠性、可用性和可维护性仿真（Reliability，Availability and Maintainability Simulation，RAM）——通过仿真模拟确保选定的技术路线，技术方案和技术要求是可靠的，可实现的及可维修的。

（9）能源优化（Energy Optimizations）——选定的技术路线，技术方案和技术要求是节能的、可以降低运行费用。

（10）前瞻性维修（Predictive Maintenance）——选定的技术路线，技术方案和技术要求能够方便检修，降低运行费用。

（11）废弃物最小化（Waste Minimisation）——选定的技术路线，技术方案和技术要求，能够实现三废排放最少，利于环保和操作。

（12）模块化研究（Modularity Study）——选定的技术路线，技术方案和技术要求，能够进行模块设计建造研究，确保工程质量，工程进度，降低现场 HSE 管理风险。

3. VIP 与质量控制

客户满意是工程承包商的质量目标。设计创优的基本条件除了需要遵守法律法规、规范标准外，通常还要达到以下要求：

（1）具有先进的设计理念、方法、手段；

（2）采用实用、安全、经济、可靠的新技术；

（3）具有良好的投资效益、社会效益和环境效益；

（4）注重过程中对项目自身的研究。

经过 VIP 后的项目目标、质量等级等是经过和业主充分讨论而制定的。因而项目目标清晰、要求统一。

项目前期通过 VIP，从技术选择、项目的可靠性水平、易扩展性、自动化水平、设施的设计寿命、预期的开工率、设计余量、安全系数、相关的标准和规范要求、可施工性、可维护性等多个维度与业主经过了充分的讨论和沟通而确定的工艺路线、技术方案，确保了项目前期的交付质量高、业主满意度高。从而为项目的批复带来积极的影响。

在前端工程设计阶段（Front End Engineering Design，简称 FEED），随着设计的不断深化，各专业进行更细化的优化设计及可施工性审查等 VIP。确保在 FEED 结束时，所有专业的技术路线、技术方案、技术要求是优化过了的，项目工作范围是清晰的。在上述技术文件的基础上而发展的费用估算是可信的。基于高质量的

FEED 文件制定的 EPC 实施策略／计划是可靠、可实现的。

高质量的 FEED 文件为接下来的详细设计打下了坚实的基础。EPC 执行过程中变更自然就会大大减少，项目整体进展顺利。变更可控从而有利于项目最终交付的设计文件质量，也有利于工期控制和费用控制等项目关键指标。最终可以提高项目的投资效益。

3.5 国际工程项目管理发展趋势

我国从 2001 年 12 月加入世界贸易组织，对于包括工程监理在内的工程咨询服务行业来说，既要面对外国企业涌入中国工程服务市场的压力，又必须敢于应对挑战，积极投身于国际市场竞争。所以，我国的工程项目管理必须与国际接轨，适应国际项目管理模式。我国的建筑企业要更多地与国外公司合作，在合作中不仅要学习其先进的管理技术，也要在实践中锻炼出一批高素质的项目管理人才，造就一批能够胜任大型复杂项目管理业务的人才队伍。

3.5.1 国际工程项目管理一体化趋势

随着建筑市场竞争的加剧，建筑技术水平得到进一步提高，工程项目管理体系日趋完善，作为买方的业主对建筑企业的要求和期望越来越高，希望建筑产品的成本逐步降低，建筑产品的质量逐步提高。业主方更多地希望设计和施工紧密结合，倾向于设计加施工、设计加采购加施工的一体化的工程承包方式；希望建筑企业提供形成建筑产品的全过程的服务，包括项目前期的策划和开发以及设计、施工，以至物业管理。传统的对工程建设某个环节的单一承包方式被越来越多的多环节综合承包方式所取代。

3.5.2 国际工程项目管理专业化特征

随着社会分工的发展，新兴技术的不断涌现，工程建设领域在技术方面向专业化发展，形成建筑设计专业化和结构设计专业化，此后又逐渐形成各种工程设备设计的专业化，施工专业化的发展形成了各种施工对象的专业化、施工阶段的专业化和施工工种的专业化。由于专业化分工的逐步细化，导致管理工作的复杂性加大，增加了业主的管理难度和工作强度。工程项目管理由政府或业主自行管理逐步过渡到委托工程咨询机构管理,由施工阶段委托监理发展到全过程委托或"代建制"方式进行全过程管理。

3.5.3　国际工程项目管理内容多样化

由于我国改革开放初期的工程项目管理内容是以工程监理为主,工程咨询服务的内容按专业划分过于单一。为了适应工程项目管理国际化的潮流,我国的项目管理内容正在不断丰富和扩大,工程项目管理服务方式也会呈现多样化发展。目前,处于工程项目管理前沿研究的全生命周期工程项目管理,就是在内容上包括项目管理策划、项目前期准备、设计准备管理、设计管理、采购管理、施工准备管理、施工管理、竣工运行阶段和运营维护阶段的咨询和管理。

3.5.4　国际工程项目管理人才高素质化

我国目前在工程项目管理人才方面存在的主要问题是项目管理公司应具备的资质、人才及相关条件尚未明确,开展项目管理所需人才在类别、数量及其质量方面缺口很大。所以,大专院校工程管理专业、工程造价专业的招生数量应逐步扩大,学科建设和课程设置应适应工程项目管理的发展动态和市场需求,为国内建筑企业、项目管理企业参与国际合作与竞争,培养造就具有国际化视野和背景,能够胜任大型工程项目管理的复合型高素质人才。

3.5.5　国际工程项目管理集成化

所谓工程项目管理的集成化就是利用项目管理的系统方法、模型、工具,围绕建筑产品的生成,对工程项目相关资源进行系统整合,并达到工程项目设定的具体目标和投资效益最大化的过程。例如,"SIPOC"工程项目管理模型将工程项目的过程简单描述为:S——供应商(Suppliers);I——工程项目输入(Input);P——工程项目的系统处理过程(Treatment Process);O——输出(Ouput);C——客户(Customers)。将工程项目的利益相关者集合(Stakehoklers)和工程项目的过程作为一个完整的整体进行研究,揭示了工程项目的系统集成是工程项目管理内在本质的要求。

3.5.6　国际工程精益建造与廉洁管理成为新内容

目前,发达国家的工程建设规范正在逐渐向性能化转变。质量管理也从确保可交付实体产品的质量范畴延伸到建设产品的全面性能、功能和工程项目全过程管理（服务）的质量保证，例如，可行性研究的质量、设计的质量以及通过资格预审等。确保采购的质量、运营和维护管理的质量（例如，产品增值），要求对工程管理目标的再认识、对整个工程建设过程的重组，各专业和各个阶段工作的协同等问题，精益建造从理念到实践正在得到更多的认同。2001年，国际咨询师联合会出版了工程咨询业的廉洁管理指南，提出了廉洁管理的原则和工程咨询公司的廉洁管理框架，包括道德规范、检查表格等可操作的管理工具。

3.6 国际工程项目管理的核心要素

国际工程项目管理是国际化的工程项目管理，也是一种复杂的、非常规的一次性的，并受时间、成本、资源限制的工程建设活动。它具有复杂程度高、耗费资金多、工程建设周期长、利益相关者众多等特点，更有其独有的地理位置、结构、功能等特点。国际工程建设是跨国界、跨文化的经济活动，涉及工程技术、国际贸易、金融汇兑风险、风俗文化、民族宗教、政治风险及国家法律法规等多方面的因素，是一项多因素、多目标的系统工程。另外，由于对工程所在国的情况缺乏充分的认识，在工程进展过程中常常会发生一些意想不到的问题，并且由于不同的政治、经济和文化背景、不同的参与方及其国家的利益，各利益相关方之间更容易产生矛盾和纠纷。下面简单地从三个方面分析国际工程项目管理的核心要素。

3.6.1 国际工程项目的风险分析和投标报价

做好国际工程项目的风险分析并据此进行市场前期调查和投标报价工作是项目能否顺利实施和成功完成的前提。主要有以下原因：

一是由于工程本身的建设周期很长，不可预见的因素很多；二是工程开工后很难逆转，任一方违约，对双方的负面影响均是很大的；三是工程受工程所在地的自然条件制约，还受当地政府的监管和干预等多因素的综合作用，促使工程目标的实现存在诸多方面的潜在威胁。尤其是国际工程项目，在不同的经济、政治、文化、宗教等背景和条件中实施，不熟悉的自然环境、地质条件、法律法规均可能导致意想不到的风险。所以，在进行国际工程项目的投标之前，必须做好风险分析，编制风险清单（Risk Checklist），分析该工程潜在的风险因素。风险清单可以来自历史资料，或是组织专家用"头脑风暴法"针对具体项目专门编制。根据列举出的风险因素，对当地市场进行调查，摸清当地情况，踏勘现场，权衡各方面因素，以免决策失误。尤其要对当地有关法律政策、金融、外汇管理、税收、保险、有关社会及自然条件、工料价格、现场施工条件作尽可能详尽地了解，分析各风险因素发生的频率及其影响后果，从而得出其风险危害的程度并制定相应防范的措施。根据职能分工不同，海外工程可以由公司经营部组织团队到工程所在国进行考察，考察组到了当地后，随业主察看施工条件较好的部分现场，简单了解当地的地质条件，咨询若干个主要材料的价格及机械租赁费用。尤其是第一次在该国家施工，单靠考察团队临时几天时间，通常不能充分了解当地政府法律法规及金融政策等详细情况。其结果是现场察看不充分，漏看了存在诸多施工难点的区段，对该国的金融市场是否稳定，汇率变动幅度等因素也缺乏了解。另外，该国的法律法规，海外承包商到该国承揽工程，是否有当地用工的比例要求（例如，在利比亚合同约定必须满足10%当地雇员的要求，这是该国的劳动法对本国劳动力的保护性规定）。类似的问题还有很多，均是当初进行市场调查时考虑不周全的问题。如果在投标价格中没有考虑这些风险费用，这些问题自然给以后的工程开展带来了种种困难并造成了巨大的经济损失。如果当初依据完备的风险清单进行了详细的风险分析，并制定相应的风险应对计划，虽不能完全消灭风险或规避风险，却能采取措施降低风险影响，减少损失。目前的国际工程项目承包市场竞争非常激烈，高价中标的可能性很小，但若是依靠最低价中标，风险又会很大，因此，确定一个合理的投标价格，增大中标的可能性、减少中标后的风险至关重要。

首先，要全面吃透招标文件的内容，组织投标人员仔细阅读招标文件和图纸，全面理解技术规范，组织合同管理专家研究合同条件，特别是涉及工程检验、工程变更、工程索赔、工程预付款及期中支付、保留金、延期罚款、合同价格的调整、履约保函和预付款保函等各种保函、汇率风险等方面的条件。应该针对不同的专用条件和特殊条件，计取相应的风险保留金，从而确定一个相对合理的投标价。在充分理解招标文件、分析风险因素、了解现场条件、摸清当地情况的基础上，认真细致地做好报价工作。一般国际工程项目由业主提供工程量表（Bill of Quantity，简称BOQ），承包商根据BOQ报出各分项的单价，计取适当的管理费、利润及税金等，组成投标价。合同采用可调单价的形式，对工程量的计算精度没有严格的要求，但承包商仍应正确开展工程量复核工作，避免重大单项的遗漏和错误。

其次，应根据实地考察、求助于网络等途径了解工程所在国的物价情况、劳动力市场、工程承包情况以及物价上涨指数等各种情况，作出合理的估算，并根据对上述风险因素的分析编制报价表。报价表编制完后，最好请专家进行评审论证，专家可以是自己公司的，也可以在公司外部临时聘请，或是邀请同行业有丰富海外投标经验的人员帮助审核。通过此类会审，以避免错漏或重大失误。需要格外引起注意的是，投标人员必须有高度的责任心，最好是由拟派往该工程的项目经理担任投标组的组长，建立项目管理责任制，明确谁投标谁负责，这样可以避免因投标者争取中标业绩而低价中标后项目管理团队难以成功完成项目的情况发生。

3.6.2 国际工程项目以项目经理为核心的高效项目管理团队

通常建筑公司总部由于不可能详细了解工程项目进展的具体情况，所以对于海外项目的管理力度非常有限。很多问题必须依靠项目团队自行解决，为了能够靠前指挥，组建以项目经理为核心的高效项目管理团队则成为项目顺利完成的基本保证。项目管理团队应采用项目化的组织结构形式（Projectized Organization Structure），项目经理几乎是全权决定有关项目施工现场的各方面问题，甚至包括人事的任免。项目经理越早参与对项目越有利，早参与意味着掌握全面的、第一手的信息，不会因为对前期信息的缺乏了解导致后期工作的被动。项目管理团队应有非常明确的职责分工，根据项目的工作分解结构WBS（Work Breakdown Structure，简称WBS），编制项目的责任分配矩阵（Responsibility Assignment Matrix，简称RAM），也就是对各任务指定唯一负责人，其他人作为参与者或支持者，明确定义责任分配矩阵中个人的工作属性；并确定简单有效的沟通渠道，避免信息传递得不准确、不及时和不完整，从而保证项目管理团队工作的高效率。

国际工程项目经理应具备复合型、外向型和开拓型的基本素质，对国际项目管理的知识体系有深入的理解，精通工程技术，具备综合管理的能力，从而能在履行合约及遇到重大技术经济问题的关键时刻，不失时机作出科学判断，对风险有很强的心理承受能力。项目经理对内应有凝聚力，擅长用人和人力资源管理，应善于充分发挥项目组每一个人的业务才能和管理才能，能协调各职能部门的工作；对外应具有用英语和合同有关各方直接沟通的能力，善于做好项目有关各方的沟通和协调，用"双赢"的思想去解决矛盾和纠纷。在以项目经理为核心的项目管理团队中，还应该包括工程施工专家、造价管理专家、采购管理专家、财务管理专家、合同管理专家、风险和保险专家、信息管理系统专家及法律专家等。这些专家一方面应具备本专业的技能特长，另一方面应精通英语，能独立阅读理解工程实施过程中的各种资料文件，能用英文与合同相关方直接交流，处理各类问题；同时专家们还应该了解和熟悉国际上通用的规范和规程，具备防范风险和索赔的意识。尤其是施工专家应能独立阅读理解合同中的外文技术规范和图纸，深刻领会合同中对施工进度、质量控制、设备等方面的要求；采购管理专家应十分熟悉各种外贸环节，熟悉了解物资市场行情、品种、规格和性能，了解各种运输方法，海关手续和保险事项以及如何进行验收、支付和索赔。特别需要注意的是：大中型国际项目的管理团队必须配备自己的法律专家，所谓"自己的法律专家"包括两层意思：一是从国内带来的复合型、外向型的本公司的法律专家，他们不但懂得国际上与工程相关的法律，而且也了解本公司主要从事的专业技术知识，同时还具有很高的外语水平；二是必须聘请合适的本地律师，此本地律师应该精通业务、人品端正，不会名为我方雇员，实际却联合项目的其他相关方，做出对我方不利的事情。项目管理团队的成员应是一专多能的，但我们目前缺少此类复合型人才，常常是"素质不够，数量来凑"。

3.6.3 国际工程项目合同管理是履约主体

之所以说合同管理是履约主体，主要是因为工程项目的实施过程，也就是合同各方的兑现承诺的过程，合同管理直接关系到项目实施顺利与否，各方的利益是否能得到保护。因此，合同管理作为项目管理的核心主题，贯穿于项目实施的全过程，在很大程度上影响着项目的最终成效。

狭义的合同管理是指依据签订完的合同文件、管理文件资料来管理项目。广义的合同管理应该引申到合同协议签订之前。首先，做好合同前期的各项准备工作是合同签订和合同履约的重要前提，这决定着能否签订一份合理的合同。这些准备工作包括合同文件草案和招标文件的研究、投标工作的准备，以及做好合同签订前的谈判和合同文件的最终复核。项目管理团队的每个成员都必须认真研读合同文件，树立履约的意识。项目经理应带领大家学习合同条款和技术规范，做到人人不违约、事事不违约，确保我方的合法权益。尤其应就承包商的权利义务、业主的义务、工程师代表的职责和权力、工程施工及验收的质量标准、工程款的支付、变更和调整等重要规定展开研讨，必须明确以合同条款来约束我方工程实施等方面的内容。

我国某建筑企业在国外施工过程中，曾发生过这样一些事。我方的技术员发现业主提供的设计基础标高有误，于是我方施工管理人员直接指挥分包商，自行作了修改调整。事后向业主提出追加该部分工程款，结果业主不仅不予补偿，反而向我方提出索赔，认为我方没有征得业主或工程师的同意，自行修改了设计，违反了合同规定。这就是不按合同进行项目管理的必然后果。我们应当明白，"以合同为行为准则、按照国际惯例办事"是国际工程项目建设活动的基本原则。在风云变幻的国际承包市场上，坚持以合同为行为准则，一方面能保证不侵害业主的合法权益，力争杜绝违约行为，保证项目的顺利实施；另一方面更是维护了自身的权利权益，避免因违约而遭受损失损害。国际工程项目承包中的一切活动均依据书面文件，所以要保护自己的合法利益，就必须建立科学的合同管理系统，妥善保存所有与项目有关的文件、资料，包括招标投标阶段文件、合同条件、合同协议书、补充协议、会议纪要、来往信函、施工记录、付款凭证、财务报表、备忘录、工程款签证、索赔项目等重要的文件。

对于大中型工程项目，应该设立专门的合同管理部门，建立合同经理负责制。科学、高效的合同管理系统的建立是对合同管理质量的保证。简单讲合同管理系统就是对各类合同文件进行分类编码（identification code）并通过科学的编码反映各合同文件间的关系。同时还应建立严格的接收和发出合同文件的登记制度，不能随意将任何文件私自带走，也要注意文件存放的保密性和安全性，尤其是防盗、防火、防潮问题。合同文件的任何泄密、破坏都有可能给项目带来不可弥补的损失，所以要特别注意合同文件原件的管理。最好是将所有正式签署的合同文本拷贝一份，而将原件妥善保管，以备不时之需。例如，中方在东南亚某国承包工程，由于种种原因合同行为将终止，业主无理封锁中方办公室，并私自销毁中方文件。由于中方合同管理人员平时非常重视文件资料的保存（原件全部送存驻该国的办事处），所以双方进入清算阶段时，业主的不法行为没有导致中方清算证据的不足，中方避免了巨大的损失。当然，中方依法对其不法行为提出了诉讼，追究其民事责任。

在国际工程项目合同管理中，尤其要重视索赔的管理。很多在合同中明示的或暗示的权利、权益都需要通过索赔程序来实现，例如，合同价格的调整、工程变更引起的承包商的工期及成本和利润的变化、汇率的浮动等，还有一些从合同中找不到依据，但根据国际惯例以及从道义上提出的索赔，称为"道义索赔"。索赔是合同签约双方共同享有的权利。由于工程承包市场竞争激烈，合同条约往往是倾向于业主方而对承包商不利的"不平等条约"。承包商如有违约行为，业主可以提出索赔，或是先没收承包商提交的保函，再与承包商清算。承包商的索赔相对严格一些，必须按照严格的索赔程序进行，才有可能获得成功，否则，可能连合理的和应得的额外补偿也得不到。国内以往对索赔不够重视，各公司在海外承揽工程时，往往对此类国际惯例不太习惯。有些情况本来有条件索赔的，由于缺乏充足的支持性材料、有效证据，或是错过了索赔时间，甚至是仅因为没有正确履行索赔程序，从而丧失了索赔成功的机会。完整、系统、真实可靠的书面依据是索赔获得成功的前提条件。承包商平时应对工程项目的变更、异常的自然条件、业主或工程师的错误指令及违约行为、设计图纸的错误或更改、有经验的承包商无法合理估计的其他一切情况作详细的书面记录，要及时准确地向业主或其工程师致函，要建立专门的档案，作为索赔的法律依据。按 FIDIC 合同条件规定，索赔事件发生后 28 天内必须提出索赔要求，否则超过时限视为自动放弃索赔权利。索赔谈判是最为艰巨的工作，需要融合社会学、公关学、心理学等范畴的知识，要动之以情、有理有据，同时必须心里有底线、态度要坚决，但必要时仍要作出妥协和适当让步，因为如果不能靠谈判解决问题，只能通过仲裁或诉讼，而海外诉讼需要耗费大量的人力财力，耗时极长而胜算很小，最终往往得不到合理的补偿。

第 4 章
国际工程项目管理创新实践

随着"一带一路"倡议得到广泛的响应，为顺应世界多极化、经济全球化、文化多样化、社会信息化的潮流，国内工程承包企业加快了国际化的步伐。国际工程建设项目涉及多个专业，属于跨国的经济活动，一般具有整体性、不可逆性、产品地点的固定性、执行周期长、复杂性及国际性特征。因此，在工程项目管理方面与国内项目执行相比很大不同，对于国内工程承包企业和工程公司存在多方面的挑战。

4.1 海外工程项目管理创新案例之一

海外工程项目管理创新案例之一：马来西亚 RAPID 项目 EPCC（Engineering, Procurement, Construction and Commissioning）总承包工程管理创新案例。

4.1.1 工程公司及项目概况

1. 工程公司概况

中国石化工程建设有限公司（Sinopec Engineering Incorporation，简称 SEI）成立于 1953 年，隶属于中国石油化工集团有限公司，是国内首家石油炼制与石油化工工程设计、工程咨询与工程总承包单位。公司拥有国家工程设计综合资质甲级证书，能够提供石油炼制、石油化工、煤化工和天然气等领域的工程研发和工程设计，涵盖工程咨询、技术许可、工程研发、工程设计、智能工厂建设、项目管理和工程总承包（交钥匙）的一站式服务。公司综合实力在国内同行业中始终处于领先地位，连续 6 年蝉联"中国工程设计 60 强"榜首，在国际石化工程建设市场具备较强竞争力和较高知名度。

SEI 先后完成了 2800 余套炼油及石油化工装置的设计建设，所有项目均一次开车成功，特别是 21 世纪以来，建成了以海南炼化为代表的现代炼化厂，以武汉乙烯为代表的现代化乙烯厂，以海南对二甲苯为代表的芳烃工厂，以福建炼化为代表的炼化一体化企业，以普光天然气净化厂为代表的高酸天然气处理厂，以神华为代表的煤制油工程，以中天合创为代表的煤化工工程，以山东国家石油储备库和天津液化天然气为代表的石油和天然气储备设施，助力打造了一大批技术先进、产品质量优异、结构合理、运行稳定、竞争力强的现代炼化企业和煤化工企业。先后荣获国家级优秀设计奖 50 项，优质工程奖 14 项，优秀工程总承包奖 19 项，在工程设计与建设领域树立了具有领先地位的大国品牌。

SEI 积极响应"一带一路"倡议，境外业务广泛，足迹遍及东南亚、中东、中亚、北美、欧洲、非洲等 20 余个国家，业务类型覆盖工程咨询、技术许可、工程设计、工程总承包及项目管理，建成了以阿拉克炼厂为代表的境外炼化工厂，创造了以沙特延布炼厂为代表的经典工程案例，取得了良好的经营业绩和广泛赞誉的市场口碑。

SEI 始终致力于技术创新和工程研发，高质量推进先进炼化技术的工程转化，成功掌握了以大炼油、大乙烯、大芳烃、煤加工、天然气处理为代表的具有国际先进水平的炼油化工工艺和工程技术，部分技术已达到国际领先水平，拥有体系完备、具有自主知识产权、可进行对外许可的石油化工成套技术 51 项，有效专利 729 项（其中发明专利 390 项）、专有技术 213 项。其中国家科技进步特等奖 3 项、一等奖 10 项，国家科技进步奖 76 项，国家级优秀设计奖 50 项、优质工程奖 14 项、优秀工程总承包奖 19 项，两次荣获在国际工程咨询界享有盛誉的"菲迪克"奖，具备雄厚的综合实力和卓越的工程转化能力。

2. 项目概况

马来西亚 RAPID 项目是马来西亚国家石油公司（PETRONAS）为满足当地成品油及化工产品日益增长的需求，同时对现有成品油进行升级而投资兴建的超大型炼油化工一体化项目。项目位于马来西亚的最南端柔佛州的边佳兰，西濒马六甲海峡，东临南中国海，与新加坡毗邻。项目总投资达 270 亿美金，包括新建一系列炼油、化工及公用工程配套装置，其中炼油部分年处理原油约 1500 万吨，主要以 Basrah 轻质原油为原料生产欧 4 和欧 5 标准的汽油、柴油，同时石脑油和 LPG（Liquefied Petroleum Gas，简称 LPG，液化石油气）作为下游石化装置原料。主要装置包括常压蒸馏、渣油加氢、催化裂化、连续重整、加氢精制等工艺装置。乙烯装置规模为 110 万吨 / 年，同时生产 30 多种其他石化产品，产品包括聚乙烯、环氧乙烷 / 乙二醇、合成橡胶等。公用工程部分包括汽电联产发电厂、原油码头、装卸码头、罐区、水处理厂以及公用工程配套装置等。

项目吸引了全球工程承包商的广泛关注和重视。以炼油装置为例，仅资格预审阶段就有 14 家国际工程公司或联合体报名参加，其中西班牙 TR 公司，德国西门子公司，荷兰赛班公司，英国 Petrofac 公司、日本东洋公司、日晖公司、千代田公司、韩国三星公司、现代公司、SK 公司、大林公司，中国台湾中鼎公司等全球知名工程公司悉数到场，投标报价的竞争异常激烈。

经过多轮次的技术和商务澄清和谈判，SEI 于 2014 年 7 月 25 日接到 RAPID 渣油加氢装置包（P2 包）（以下简称 RAPID 渣油加氢项目）的正式授标函。这是 SEI 在国际市场上第一次以公开竞标方式获得的国际项目。

RAPID 渣油加氢项目采用 FIDIC 的 EPC 交钥匙工程合同条件的固定总价 EPCC 总承包合同，项目资金筹集方式为业主自筹，EPCC 合同总价为 13.3 亿美元。项目合同工期 52 个月。项目建设标准采用源于壳牌（SHELL）企业标准的马来西亚国家石油公司技术标准（Petronas Technical Standard Oil Industry Malaysia，简称 PTS）以及众多国际规范。

SEI 负责的主要合同范围是围绕相关装置开展详细设计、物资采购、施工、试车及协助开车等工程服务。项目在中国北京和马来西亚现场两地分段实施，北京中心的重点是项目统筹管理、详细设计、国际采购、前期方案策划等；马来中心的重点是现场施工、现场质量控制、现场 HSE、当地采购、试车及开车服务等。在项目前期的设计阶段，项目管理重心在北京，随着现场施工的启动，项目管理重心逐步转移至现场直至项目结束。

现场实体工作内容则主要包括土建、地管、钢结构、工艺管道、动静设备、电气、仪表、防火保温、防腐等施工工作，管道试压、冲洗、复位、催化剂装填、电机单试、仪表单校等预试车活动，仪表联校、烘炉、气密试验、水运油运等试车活动，以及对业主操作主导的装置开工的辅助支持。除了以上实体工作外，项目组还需要负责与其他承包商及第三方的界面管理、获取本地政府签发的各类资质和许可证书、指导开车和装置性能考核测试,取得临时接收证书、负责质保期的缺陷整改,并取得最终接收证书等。

项目工程量包括550台工艺设备、1050000寸的地上管道和21公里地下管道、2260公里电仪电缆、1600吨钢结构、62000立方米混凝土结构等,其中超80吨的设备32台,超过1000吨的设备13台,设备最大重量1200吨,设备最大直径11米(图4.1-1)。

图 4.1-1　马来西亚 RAPID 渣油加氢项目

4.1.2　项目管理组织机构

项目管理组织机构如图4.1-2所示,其中,项目经理部内部的部门设置主要有控制部、合同部、设计部、采购部、施工部、试车/开工部、质量部、行政部、IT部、财务部、界面协调部。

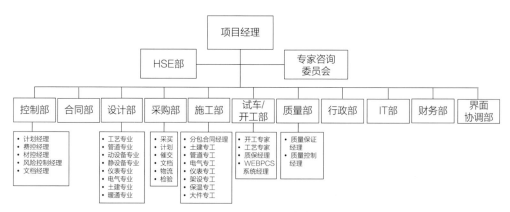

图 4.1-2　项目管理组织机构图

4.1.3　工程项目特点及挑战

马来西亚 RAPID 项目是马来西亚国家石油公司(PETRONAS)拓展其下游业

务，落实向综合型石油天然气公司战略转型的重要步骤，故业主 PETRONAS 自项目初即制定了要将 RAPID 项目建设成为技术领先的世界级炼化工厂的目标。为实现此目标，PETRONAS 抽调自身技术力量组建了 RAPID 项目管理团队，聘请国际知名工程公司 TECHNIP 和 FLUOR 负责 FEED 设计并作为 PMC 参与项目管理，并邀请全球知名承包商参与工程项目建设。

在此目标设定下，RAPID 项目是典型的以欧美技术体系为基础，按照国际通行项目管理程序进行组织建设的国际化大型工程建设项目，具有技术标准高、过程管控严、审批流程长、业主参与度高等特点。但受马来西亚自身的科技发展水平、工业发展程度、技术人员储备、风俗习惯、宗教信仰等因素的影响，虽然项目业主按照欧美体系对 RAPID 项目进行了整体构架，但 RAPID 项目仍具备了很多"一带一路"沿线发展中国家建设项目的典型特点。

1. 欧美标准体系国际工程项目特点

RAPID 项目采用欧美标准体系的特点体现在以下几方面：

1）技术标准要求高

RAPID 项目应用的技术标准主要是马来西亚石油公司以荷兰壳牌公司的公司标准为基础编制的企业技术标准 PTS，以及 PMC 团队结合 TECHNIP 和 FLUOR 两家咨询公司的公司标准编制的 FEED 阶段技术规定和程序文件等。对于初次为 PETRONAS 服务的 SEI 人员而言，PTS 是一个全新的技术体系。而为保证设计成品与业主要求一致，设计人员须在详细设计启动前完成全面学习和排查，并在设计过程中严格遵循和落实。同时该体系对设计文件的深度和完备度有很高的要求，如 3D 设计模型的建模深度远超国内同等项目要求，管道应力计算工作量是国内 5 倍以上，大幅度增加了设计工作量和人力投入。

2）审批流程繁琐

RAPID 项目文件批复程序按照 TECHNIP 的文件审批体系执行，大部分技术文件均需要业主批准后才能实施。由于该审批流程冗长，即使中方员工收到业主意见后立即组织修改并重新提交，一个文件从初次提交报批版到业主最终批准的可施工版仍需要一个半月以上时间，如果业主要求再次升版则总周期会加倍。同时 PMC 工程师的技术水平和专业性参差不齐，批复效率不稳定，文件签发的进度和及时性难以得到保证。

3）欧美制造标准

RAPID 项目设备材料的制造加工均采用欧美标准，业主直接参与供货商的深化设计、加工制造、生产检验和质量验收等中间环节，对供货商的制造过程管理和承包商的供货商管理提出高标准要求。同时业主的供货商短名单里的备选厂家多为海外厂家，沟通协调和监管的难度大，且由于设立了短名单门槛，中国供货商难以入围。

4）现场管理程序严格

业主的现场管理程序繁复严格，业主对到场设备和材料不仅仔细核查制造记录文件，还要审查相关设计文件，甚至进行材质抽检。现场施工作业前，业主不仅要求审查作业人员资质和施工方案手册，还要求承包商编制专项危险性分析报告，业主安全部门审批后才能开展相关施工。业主参与审批的部门众多，审批周期长，影响施工效率。

5）界面复杂

RAPID 项目装置众多，承包商与业主之间，承包商之间的设计、施工界面复杂。在项目后期，公用工程装置的投产进度决定了工艺装置的试车、开工进度，承包商须根据全厂各装置的实际状态来动态组织试车开工活动。

6）语言障碍

RAPID 项目的官方语言为英语。虽然马来西亚本地有不少马来西亚华裔，但由于业主聘请欧美工程公司参与项目管理，同时项目广泛采用欧美标准和程序，故英语仍为主要沟通语言。SEI 拓展海外市场多年，自身管理团队能够较轻松自如地应对全英语工作环境，但对于国内供货商和施工分包人员，语言障碍仍是较大的挑战。

2. 马来西亚项目特点与挑战

1）业主技术标准问题

马来西亚业主博采众长，借力多家国际知名工程公司的技术标准体系建立了自己的项目技术体系，但在 RAPID 项目投建之前，这种"兼收并蓄"的技术体系尚未经历过大型建设项目的全面应用和检验，故在 RAPID 项目执行过程中，出现了许多标准、规范、规定、程序之间的矛盾或不一致的地方，给项目执行带来了困扰。

2）业主技术力量薄弱

由于马来西亚业主技术力量和工程经验相对薄弱，缺少自身的技术积累，技术标准也是从欧美公司"借"来的，在项目执行过程中发现技术问题后或面对承包商提出的技术偏差时，业主技术主管常常瞻前顾后，左右为难，迟迟拿不定主意，致使后续工作不能及时开展。

3）外购依赖性高

虽然在油气资源和经济作物的支持下，马来西亚的整体经济处于东盟地区的中上水准，但受制于落后的基础设施和薄弱的科技力量，马来西亚的制造业和工业加工能力仍处于中下水平。除简单容器类设备，电缆和部分散材可以在本地制造外，其他主要设备材料，大到设备机组，小到接线箱、法兰垫片，都依赖海外进口。一旦项目有紧急材料需求，很难获得本地供货商的有力支持。

4）本地保护严重

马来西亚工业基础薄弱，对应的工程建设技术人员，特别是石化工程项目所需要的专业管理人员和技术工人严重短缺。而马来西亚劳工部出于保护本地劳工就业机会的需要，针对外籍劳工制定了严格的"工作准证"制度，从制度上限制外籍劳工的大量引入。

5）本地资源紧缺

RAPID项目体量庞大，装置众多，高峰时有40多家承包商同时在现场开展作业。短时间内涌入的大量承包商争抢本地资源，造成了本地供货商和人力资源的严重短缺。SEI初次进入马来西亚市场，对本地市场的了解和本土化经营的经验不足，难以取得先发制人的主动优势。

6）政府审查严格

马来西亚政府的职能部门对本国建设项目实施全方位的监管机制，马来西亚职业安全与健康部、消防部、环保部、工业建设委员会等十余个政府部委和地方政府，对项目建设的设计、选材、制造、验收、安装、试验、接收等环节都有详细的监管措施。满足地方政府名目繁多的审查要求并获得相关批准和证书，是推进项目顺利进行的必要条件之一。

7）政治生态和宗教影响

马来西亚的宗教信仰、政治生态对项目执行也存在一定影响。马来西亚大部分人信仰伊斯兰教，穆斯林民众严格遵守每日五次祈祷以及斋月、朝觐期间的宗教要求，在一定程度上影响了现场效率。另外，马来西亚的整体政治局势虽然相对平稳，但在政府更替阶段仍会产生不稳定因素。

4.1.4 项目管理策略与创新

石化工程项目普遍具有技术复杂、专业领域多、关联范围广、工程投资大、建设周期长和质量环保要求高的特点，而 RAPID 渣油加氢项目的国际化工程项目的高标准、严要求和"一带一路"国家项目的特殊管理需求进一步增大了该项目的执行难度。在这些挑战面前，SEI 公司领导高度重视，选派精兵强将组建项目组，组织公司资深管理专家，高级项目经理出谋划策，周密部署公司职能部门对项目的支持矩阵。在公司和各部门的大力支持下，RAPID 渣油加氢项目部依托公司数十年的工程技术和管理经验积累，在严格遵守《建设工程项目管理规范》GB/T 50326、《建设项目工程总承包管理规范》GB/T 50358 以及国际通用项目管理知识体系 PMBOK（Project Management Body of Knowledge，简称 PMBOK）的基础上，结合 RAPID 渣油加氢项目特点，以石化工程整体化管理理论为指导思想，从集约化、集成化、过程化、协同化和数字化五个工程管理维度出发，深度结合项目执行实践，构建了整体化组织策划、集约化资源整合、集成化深度预制、过程化精密管控、协同化并行管理、数字化信息整合、HSE 零容忍、深挖本地资源等项目执行的八大策略，并在项目中逐项实施。

1. 过程化精密管控，创效攻坚严抓细节管理

全面严谨的整体策划和优质资源的精心配置，只有通过高质量的执行，才能落实策略意图，合理利用资源配给，发挥其应有效力。执行中的过程化管控，是确保执行效果的重要保证。RAPID 渣油加氢项目工程量大，参与方众多，建设周期长，一个环节出了问题，就可能形成连带效应造成大范围影响，凸显了执行过程的精细化管理的重要性。项目组通过建立机制掌控状态，积极参与统筹协调、全程关注深入细节、精准介入及时干预等手段，有效实施了过程管控，解决了实际问题，规避了潜在风险，保障了执行效果。具体体现在：

1）设计递交物进度管理

RAPID 渣油加氢项目涉及 20 多个设计专业，设计文件 2 万余份，其中图纸类文件 4500 份，各类第三方审查 35 项，研究报告 93 份。设计部为确保设计递交物满足采购、施工进度需求，协同控制部制定了以设计递交物为单位的详细四级进度计划，做到设计递交物的编制进度和发布时间与后期工序需求和项目整体节奏保持一致，并根据进度计划密切跟踪设计文件实时状态，做到动态跟踪，及时干预。针

对文件流转周期长，业主批复缓慢的问题，设计部迅速认识到有效减少文件的升版次数是缩短文件审批时长的关键，一个设计文件多一个版次地重新提交和批复流转，总批复时长将增加一个月以上时间。项目部开创性地建立了设计 KPI 考核机制，将文件一次审批通过率，升版次数，及时答复率等文件批复过程参数列为考核指标与设计工作绩效挂钩，同时与业主积极沟通，组织业主在提出书面批复意见之前与 SEI 设计人员通过面对面的沟通解决大部分技术问题，最大程度地减少了升版次数。

2）预制安装全流程管控

模块化集成预制方案可充分利用国内制造优势，缩短整体工期，但从预制到安装全程周期长，环节多，一旦设计、制造厂、现场之间的衔接出现问题，很可能得不偿失，功亏一篑。项目部开展过程化精细管理，对每个界面细节深入研究，摸排潜在风险，通过细密严谨的多方校验确保环节交接万无一失。以加热炉预制运输为例，设计与物流公司深度沟通，充分考虑 SPMT（Self-Propelled Modular Transporter，简称 SPMT）运输车的装卸方式和顶升高度，仔细核算地脚螺栓的露出长度、抗剪件的长度、基础高度和运输托架的高度等关键尺寸，做到整体结构受力最好、费用最省。现场基础施工后，为保证设备底座开孔与地脚螺栓地位高度一致，项目部制作现场螺栓定位模板运回国内制造厂按图下样，量身定做，并在设备出厂前对柱脚采用全站仪精确测量，根据现场实测数据进行校核和二次精修，双重保证安装精度。设备运抵现场前一个月，现场项目部组建加热炉运输安装专项小组，一尺一寸地实地踏勘运输路线，核查道路工况，压实补强逐项整改。在项目部全体员工的努力下，设备运抵现场当天，随着设备的缓缓下降，同一台设备的 112 个地脚螺栓精准的同时穿过所有柱脚螺栓孔，设备一次性就位成功。

3）制造过程深度监管

设备按时交货是项目整体进度的根本保证，对制造过程的紧密监控和催交是保证按时交货的有效手段。针对海外供货商沟通难度大、赶工效率低、合同管理严格等特点，组建了设计采购联合催交团队，从技术、质量、进度三管齐下，对制造全过程进行全面过程化管控，确保海外供货商的供货质量和交货进度满足项目要求。以静设备制造厂 KNM 的催交管理为例，考虑到低压静设备结构相对简单，但焊接量大、周期长的特点，项目部将 86 台低压塔器、容器类设备的制造订单下给了马来西亚本地制造商 KNM，但项目部很快发现，由于 KNM 又接收了大量来自其他 RAPID 项目承包商的订单，工厂的工位、人力、机具严重不足，交货期将严重滞后。在此情况下，项目经理、采购经理和设计经理牵头，组织专业室技术负责人和年轻骨干，与采购催交人员、本地监造人员一起成立联合催交组，在生产周期的一年半时间里全程驻扎制造厂开展高强度的常态化催交工作。催交组分工明确，密切配合，设计负责解决技术问题和提出优化建议；采购催交人员紧密跟踪每日进展和相关资源落实情况；监造人员见证检测试验，严把质量关。在催交组的联合强势管理下，KNM的管理层感受到了空前压力，工厂执行层得到了良好支持，制造进度逐渐好转，基本满足了设备到场的进度需求。

4）精细化施工过程管理

项目施工高峰期时，土建分包商和上部安装分包商同时在场，地上地下工程同时进行，现场施工工人达 4000 余人，施工内部界面极为复杂，进度和质量、安全形势非常严峻。面对此局面，施工部抛却"嫌事多，怕麻烦""乱中取胜"的惰性思想，开展精细化管理实践，与分包商一起仔细梳理每一个施工界面，全程跟踪每一道工序的实际进展，通过建立统揽全局、界面清晰的分包管理矩阵和实时动态的状态监管机制，做到对作业界面和进度状态了如指掌，同时充分发挥总包方整体协调作用，通过统筹部署、精细协调、及时干预等手段，将多头并行、彼此纠缠、冲突不断的洪水猛兽，梳理成路线清晰、各行其道、有序穿插的潺潺作业流，有效地促进整体施工进展有序高效推进。以地下地上工程界面管理为例，RAPID项目地下工程极其复杂，包括桩基、基础、给排水系统，工艺密闭排放系统、电气电缆、仪表电缆等，由于施工次序和材料到货进度，地下管道和埋地电缆的施工与上部钢结构、管道施工深度交叉，而马来西亚常年多雨，雨后现场泥泞不堪，物料无处摆放，吊车寸步难移，地上地下施工都举步维艰。项目部与土建分包经过仔细研究，创造性地制定了道路二次施工方案，先完成道路基层并在地管和电缆过路地段预埋套管和涵渠，保证装置内道路的基本硬化和畅通，在地下工程基本完工后再进行面层的铺设。同样，项目部根据实际作业状态将全场地坪划分为细小单元，以"抓地坪促地下，保地坪利安装"为指导思想，根据每个地坪区域的特点具体问题具体分析，采取有力措施逐个攻克，以点带面，逐渐扩展地坪铺设面积，成功解决了地下地上施工的占地冲突问题，为后续地上施工创造了良好的作业条件。

5）周密部署，鏖战斋月

穆斯林斋月期间，酷暑蒸人，却正值马来西亚项目的施工高峰。大量穆斯林工人提前请假，留下的工人在白天滴水不进，最多晚上日落后工作半天，实际工效大打折扣，项目进度面临巨大压力。面对挑战，项目部通过缜密的前期准备，提前核算穆斯林员工的数量和工作负荷，安排将在斋月休假的人员提前一个月加班赶工，打足进度富余量；同时合理提高薪酬水平，吸引额外资源在斋月补充人力。在斋月期间，项目部根据实际测算工效对月内工作量进行详细分解，细化到每人每天并提前要求分包商进行提前确认，确保每日目标落实到具体执行层面。项目部在强化管理措施和细化管理目标的同时，还充分照顾穆斯林员工情绪，适当提高待遇水准，给予节日的礼遇和关怀。在管理和激励的并存机制下，项目部充分调动了员工的积极性，顺利消化了斋月对施工进度的不利影响，保持项目的平稳推进。

2. 协同化并行管理，有机结合增强整体绩效

在项目分工不断细化的大背景下，RAPID 渣油加氢项目具有专业分工进一步分解、执行层级进一步下沉、执行单元不断小型化、新的功能元素不断加入等特点。项目部认识到，执行层面的职能分解和功能细化所带来的基层执行效率和专业化程度，必须经过严密统一的组织协调，才能确保项目各执行子系统彼此配合、协同作战，与项目整体目标保持高度一致。项目部应用协同化并行管理方法，将位于全球各个地点的设计、采购、施工、试车工作在进度、界面、信息交互等多个维度深度融合，在充分发挥各子系统独立执行能力的同时，通过密集多项的协同化措施打破系统之间的壁垒，建立并固化各子系统之间的逻辑链接，通过系统间的界面同步和信息互动，将独立的功能单一的子系统联合成为目标一致、功能融合的综合系，实现了项目整体绩效的最优化。具体体现在：

1）设计与供货商协同

设计人员负责的技术管理部分是采购过程的关键环节。设计与供货商是彼此支持，彼此制约的互动关系，供货商深化设计是承包商详细设计的必要输入条件，而设计对厂家资料及时批复是供货商开展工作的前提条件。SEI 设计以专业高效的技术服务与供货商密切配合，针对集成程度高、涉及专业广、协调难度大的包设备（撬装成套设备），采取了一系列的专项协同化管理措施。RAPID 渣油加氢项目的压缩机、泵、加热炉、反冲洗过滤器、电脱盐等大型设备均为包设备，主供货商负责整体供货和核心设备的制造加工，将附属设备分包给下级供货商供货。对于复杂设备，分包层级可达四、五层。为确保加热炉厂家整体供货质量满足项目要求，SEI 设计人员开创性地组建了以主体专业为核心的包设备专项管理小组，编制了包设备设计管理规定，制定了严格的包设备管理程序。SEI 对包设备文件的审查内容不仅囊括供货商及其下属分包商的流程图，设计图纸，材料规格书等，还包括同一

供货商下各分供货商之间的流程整合，范围划分，衔接界面，以及各分层级系统与结构体系、全厂管网、供给系统和控制系统之间的整合和测试。SEI人员细致缜密的工作深入到供货商内部，与供货商底层执行单位深度结合，确保了供货商由里到外的、全范围、全流程的整体合规性。

2）设计与施工协同

RAPID渣油加氢项目设计与施工团队在全项目周期内深度融合。在设计阶段，设计团队协同施工专家开展可施工性审查，提高设计方案的可执行性并提前规避施工风险。可施工性审查从钢结构、管道、设备的吊装方案，吊车站位，大件吊装地基处理需求，模块化施工可行性，现场材料运输方案等各方面对现有设计开展细致的一致性研究，提出了大量有实际意义的设计改良意见，经实践证明发挥了积极作用。在施工阶段，设计专业负责人亲自带领设计人员常驻现场提供设计技术服务，及时高效地解决现场施工问题。设计人员打破传统图纸交底惯例，利用3D模型进行可视化技术交底，通过数字化手段展示设计成品，确保设计意图得到准确理解。同时，设计人员利用三维模型辅助模拟设备和大型阀组的吊位和吊装路径，协同施工通过三维模型预判电仪分支桥架合理布置和走向，提前避免专业交叉碰撞后的返工。进入预试车阶段后，工艺、配管、设备等专业全力配合现场管道试压和设备气密工作，利用智能系统绘图软件P&ID等技术手段，按工艺功能和属性进行预试车、试车阶段的系统、子系统划分并分色区标注，对每个试压包、气密包从设计角度实地逐项仔细核查，确保现场执行与终版设计信息完全一致，为现场施工和试车工作的准确性和高效性提供了有力保证。

3）采购与施工协同

材料制造满足项目质量要求并及时到场是施工作业按计划开展的前提条件，项目部采购、施工和控制人员保持密切配合，针对不同设备材料的制造、物流特点和现场需求特点，有针对性地制定了一套行之有效的采购施工协同管理措施，取得了良好效果。对于重点大型、成套设备，采购人员重点盯守，严控质量和交货期，与现场团队反复研究物流方案、装卸方案和吊装方案，确保万无一失。对于国内加工预制的散材类材料，包括钢结构和预制管道等，施工和控制人员结合整体吊装、"穿衣戴帽"、工序优化等需求，根据施工作业面和进度需求制定详细的到货需求清单，采购人员根据实时更新的材料清单，组织供货商、预制厂动态调整加工作业优先次序，保证供货商和预制厂的制造计划与现场实际需求保持高度一致。对于本地采购的零星材料和维修需求等，采购部根据现场需求设立应急响应队伍，建立应急采购机制，根据现场需求采取本土化执行措施，在最短时间内满足现场需求。

4）施工与试车协同

试车是衔接施工建设与开车的中间环节，施工与试车的交接涉及执行主体变化、工作内容改变、职责责任转移等方面内容，是 EPC 项目管理的重要内容。项目部应用协同化方法，结合实际执行情况开展管理创新，以精细管理替代"一刀切"模式，通过细化交接单元，增强施工试车互动等措施大幅提升了交接工作和项目整体的执行效率。传统模式的施工试车交接以装置或单元为单位，整个装置或单元内的所有施工和预试车工作全部结束后，才能统一推动装置进入试车阶段。在这种模式下，即使装置内某单个系统具备机械竣工和后续试车条件，仍要等待整个装置的所有系统均完成机械竣工后才能向下一个工序转移。项目部改变整体交接的做法，改为以系统或子系统为管理对象开展施工试车交接管理，按照试车和开车的先后逻辑次序倒排施工和预试车优先级和生产组织次序，单个系统或子系统达到交接条件后立即开展交接工作，充分利用个别系统先行施工完成后所赢得的时间开展后续试车工作，大幅提前了试车工作的实际启动时间。相对于传统交接模式，协同化管理的施工试车交接模式使关键试车活动进度提前了 3~4 周。

5）项目与相关方协同

除了项目部内部的设计、采购、施工、试车之间的协同化管理需求外，由于 RAPID 项目的国际化特点，项目与业主团队、专利商、其他有界面关系承包商等存在工作界面和互动关系。项目部采取协同化管理措施，主动与相关方充分沟通，积极互动，在保证各方基本利益的前提下，不卑不亢，有理有据地争取项目利益，实现参与各方的多赢。业主指定渣油加氢装置采用美国雪佛龙公司（CLG）的专利技术，SEI 负责在详细设计、制造、安装和开车过程中落实专利商要求。执行过程中，SEI 设计人员没有被动、僵硬地执行专利商要求，而是依靠自身多年经验并结合 RAPID 渣油加氢项目特点，主动发起合理化建议，通过与专利商讨论互动开展设计优化，提升了原设计的合理性和可执行性，受到了业主的支持和赞扬。与其他承包商的界面管理中，SEI 通过 IMT（Interface Management Tool，简称 IMT）线上平台与台湾中鼎、西班牙 TR 等工程公司积极互动，在前期规划时未雨绸缪，提前部署，在后期执行时坚守原则，守护项目的原则和利益。经过反复协商和充分沟通，建立了与相关承包商公平、公正、合理、互利的全面合作关系，推动项目建设有序发展。

3. 数字化信息整合，贯穿全局优化全程效率

RAPID 项目规模大，复杂程度高，参与方众多，加上业主对过程管理的深度参与，传统的工程数据和信息管理手段已经难以满足项目正常运行要求。建立覆盖项目全流程的数字化管理体系成为项目建设的必由之路。RAPID 渣油加氢项目部在公司、专业室和 IT 部门的全力支持下，以项目执行为载体，在设计、材料管理、施工和完工交付等方面开展数字化建设的探索和实践（图 4.1-3），有效提高了项目信息管理水平和项目执行效率，为集约化、集成化、协同化、过程化管理措施的实施铺平了道路。

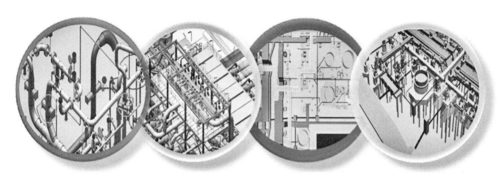

图 4.1-3 RAPID 渣油加氢项目数字化管理示意图

1）设计数字化管理

项目设计团队在以往经验基础上，结合 RAPID 项目特点和业主要求，深度应用 Intergraph Smartplant 系列软件，打通了贯穿设计、材料管理、施工的数据回路，实现项目全流程的数字化信息传递和共享。设计团队组织配管、结构、仪表、电气、给水排水、储运、总图、建筑、暖通、电信等十余个专业在 SP3D 软件上深度建模设计。建模深度、属性赋值、信息关联性等较以往项目实现了质的提升。3D 模型先后收到业主 1955 条审查意见并逐条整改落实，顺利通过了业主 30%、60%、90% 三个阶段的模型审查。同时，工艺专业，电气，仪表专业应用智慧化工程集成交付（Smart P&ID）等系列专业软件，通过数字化平台的数据流管理替代传统设计资料输入和传递，发挥数字化优势做到数据同源、信息同根。在此基础上，设计团队开展 SP 系列软件的二次开发，实现预试车子系统划分标示、泄漏点标示、特殊建模、配管单线图版次对比及标注等增值功能，有效提高了设计效率。通过建立 Intergraph 数据库与业主运维和开工管理的计算机设备管理系统（CMMS），基于网络的项目协作（WEBPCS）完工交付系统的数据共享，实现了设计数据一次

输入，多平台共享，节省了人力和管理成本。

2）材料管理数字化

RAPID 渣油加氢项目采购部应用采购材料管理系统打通了从采买到现场出库的全流程数字化材料管理。项目采购团队设立采购控制经理岗，负责统筹协调各环节采购人员使用统一的信息管理系统。采购控制人员监管采买、催交、检验、物流、出入库等流程并实时录入状态信息。采购控制经理负责对系统中信息进行核实、分析、监督和汇报，保证设备材料在每一个环节的信息的追溯性和连续性，确保项目部对材料物资状态的实时掌握。同时，项目采购部协同制造厂，对数量大，批次多的钢结构、管道等散材的组织管理上应用二维码管理识别系统，通过鹰图公司的移动扫描（MOBILESCAN）软件对每个构件、管段生成一个唯一的二维码，在出厂、货运、出入库管理中，相关人员仅需操作手持设备扫描即能准确完成材料识别、存放和库存管理工作，用数字化手段替代了材料信息的手工管理，做到了实时录入、实时监控和实时更新，有效增强了材料运输、调配过程中的准确度，提升了材料管理效率。

3）施工过程数字化管理

施工管理团队采用设计 3D 模型进行现场方案仿真，并应用数字化软件开展焊接过程和质量控制管理。RAPID 渣油加氢项目施工管理团队使用 3D 模型进行施工作业的动态模拟，协助制定大型设备吊装方案，电仪支路安装路径方案、特殊支吊架安装方案等，为复杂施工方案的制定、验证和优化提供了有力支持。另一方面，施工管理团队应用 NEWS（Non-Destructive Examination and Welding System，简称 NEWS）焊接管理软件对焊接过程和无损检测实施全流程数字化管理。通过对焊接材料参数、焊工人员信息、焊接过程记录，无损检测记录等信息的录入和识别，实现了系统自动对材料参数、焊工资质、技术标准和检测结果进行审查和判别的功能，从源头和制度上保证了材料、人员和成品的合规性。同时，NEWS 系统可高效生成具体到焊工的焊接合格率、实时焊接完成数量、剩余无损检测数量、试压包释放状态等统计数据，为项目组进行焊工绩效评估，焊工人员管理，作业进度管理和库存积压处理等过程化管理提供强有力的数据支持。

4）完工交付数字化管理

完工交付过程流程复杂，涉及多方、多轮次审查、整改意见销项和过程文件提交等过程。RAPID 项目应用 WEBPCS 程序以数字化的手段开展施工、预试车、试车完工后的交接交付管理，大幅节省了人力投入，有效提高了管理精度，取得了良好的交接效果。在项目设计前期，项目组统筹规划，按照各阶段完工定义和质量计划，在 WEBPCS 系统中架构起项目的完工策略，制定证书流程，编制系统完工移交包。在工程建设期间，项目部以系统和子系统为单位，组织验收检查并进行施工、预试车和试车的销项管理。根据系统规则，所有检验验收表单均由交付管理系统统一发布，若上一阶段的销项未完成，系统就不会发布上阶段工作的完工证书，下一阶段工序无法取得相应表单，相关工作无法开展。在铁面无私的数字化系统面前，各阶段工作的严肃性、完整性和合规性通过对既定程序的严格执行得到了保证，从根本上保证了本质安全，实现了工序之间的"完整干净"交接。另外，交付管理软件可以根据需求给出任一个系统的检验表单的完成状态和尾项清理状态，协助项目组识别进度滞后点并予以督促。

4. 落实 HSE 零容忍，以人为本守护安全底线

RAPID 项目的 HSE 标准要求高、管理对象复杂，考核指标严，加上项目执行地在境外，所有承包商及分包商人员在工作之外的衣食住行也属于项目 HSE 管理工作的范畴，导致 HSE 管理覆盖面广且层次多，管理难度较大。项目部采取国际先进 HSE 管理理念，结合项目特点开展创新，通过制定覆盖项目执行全流程的 HSE 风险控制策略，开展专项安全分析与研究，深化基层执行管控，保护员工健康，落实环保措施，用系统扎实的 HSE 工作保证了项目本质安全，守护住生命财产安全底线。

1）全流程顶层设计

RAPID 渣油加氢项目首次采用危害与影响过程管理方法 HEMP（Hazard and Effects Management Process，简称 HEMP）开展 HSE 管理工作。区别于常规 HSE 管理方法，HEMP 将各类危险辨识和风险控制的工具整合在一起，根据一系列 HSE 风险分析研究制定执行规则，采用尽可能合理的低（ALARP）理念，通过识别、评估、控制、恢复、再评估、开展行动等过程措施，将 PDCA（Plan、Do、Check、Act，简称 PDCA）闭环管理的理念贯穿到项目风险管理的各个环节。RAPID 渣油加氢项目开展了覆盖项目安全、环保、健康、噪声、消防等全方位的大量安全分析和研究，包括危险和可操作性研究、仪表安全评估（安全仪表系统完整性等级划分）、设备关键性等级划分、健康风险评估、定量风险评估、危险源识别、环境影响评定、消防安全评估、危险区域划分、3D 火灾和气体探测绘图研究、噪声影响评估、蝴蝶结模型分析等，并根据 HEMP 方法将相关分析结果融汇整合，形成

一个集成的、整体的、具有追踪和关闭控制点的 RAP（Remedial Action Plan，简称 RAP）修复整改计划，构建完整的闭环管理回路。对于分析评价中可能出现的高风险的内容，还将增加 HER（高风险和影响登记表），针对高风险内容和措施的开展进一步的监控、分析和管理。

2）严抓基层风险防控

在全方位的 HSE 管理策略和方案的指导下，RAPID 渣油加氢项目采用风险分析管控的管理方法，以科学管理、预防为主为方针，通过管理创新和制度设计，抓基层，抓执行，抓细节，构筑了自下而上的多层防护体系。施工和试车作业是 HSE 管理的高风险区，项目部从根源防控风险，建立了施工试车作业许可证制度，落实"谁的工作谁负责、谁的业务谁负责、谁签字谁负责"的责任主体，通过作业许可证制度开展对现场作业的过程管理。根据制度，每份作业票都需要经过施工分包，总包和业主的层层把关，各方确认无误后方可签署生效。施工管理方参与作业票的签发有效地增强了施工管理方的 HSE 责任意识，提升了施工管理的全局观和安全风险认知水平，加强了执行基层的安全管理力度。同时，项目部积极推动全员范围的不安全状态不安全行为（Unsafe Condition Unsafe Action，简称 UCUA）安全观察活动，对不安全行为和不安全状态进行观察、收集、记录、分析和干涉。由于传统纸质观察卡片的处理过程耗时耗力，项目组织开发了 UCUA 在线安全观察系统，在手机上即可以通过登录 APP 进行操作，大幅简化了填写和提交流程，显著提高了安全观察提交数量，为现场 HSE 数据的统计，分析和制定对应措施提供了有效支持。

3）佑护员工身心健康

在项目施工现场，公司员工远离祖国在异国他乡敬业奉献，员工身心健康始终是项目 HSE 工作的重点关注区域。根据专项健康风险评估 HRA 的分析结果，项目部建立独立健全的现场医疗、急救和健康管理保障体系，包括依托国际救援组织机构建立的医疗、急救服务系统，配备应急牵引救护车辆，在施工现场内设置的整体集装箱式急救站（First Aid Station）和营地内设置的 7×24 小时值守简易诊所等。除营地建设配备硬件设施、建立和完善各项管理规章制度、应急预案和处置方案外，项目部始终将建立健全人员健康档案作为重点工作进行。项目人员健康档案包括员工年度健康体检报告、出境（外派）前健康体检报告、入场前体检报告、员工现场健康申报卡、现场"心脑血管 6 项指标"体检结果和场内就诊记录等内容。营地内诊所除了负责对院前环境下的急症进行应急处理外，还负责对项目员工的定期"心脑血管 6 项指标"的体检排查，并对筛查出的指标异常人员采取告知提醒、动态监测、调整工作内容等方式和措施，有效防范和降低心脑血管疾病风险。2017 年 11 月，分包商一名外籍劳务人员突发心脏病后，经过急救员培训的安保人员立即施救，对病患进行了持续的、标准的 CPR（Cardio Pulmonary Resuscitation，简称 CPR）心肺复苏，使病患在最佳抢救时间内得到有效救治。这一成功案例是 RAPID 项目全厂内唯一一例心脑血管发病后患者被成功救治的案例，项目团队受到业主的高度肯定，PETRONAS 总裁亲笔签发了表彰证书。

4）现场环保管理

现场施工作业的环保合规性是 RAPID 项目 HSE 工作的重要组成部分。项目的环保要求主要来源于项目立项前经由马来西亚政府审批的环评报告。该报告中对项目在设计、采购、施工、试车、运行各阶段均提出了详细明确的环保要求，包括开展符合环保要求的设计和研究、装置、"三废"排放的标准、噪声控制标准、施工材料的选择、各类环境因素的控制、与项目周围社区的关系维护等。项目部根据 EIA 及合同要求，制定了环保管理计划及环境监测计划，围绕这两份计划开展了一系列项目的环保管理工作。RAPID 渣油加氢项目组聘请有马来西亚本地资质认证的环境官，负责项目在施工和试车阶段的环保管理工作，按法规要求对现场噪声、排放、排污、土壤、水样、振动等参数进行固定频次的监测，对废弃物和化学品进行处理。每月将环境保护工作情况形成报告提交，顺利通过业主和马来西亚环保部组织的历次审计，所有考核指标均满足要求，没有不符合项。

5. 深挖本地化资源，海纳百川用好他山之石

因为外部条件和合同要求不同，SEI 在国内市场的传统资源优势和关系网络在海外市场难以发挥作用，需要充分利用本地资源弥补不足，为项目执行提供支持。项目部深度挖掘本地资源并积极开展属地化管理弥补了执行力量的缺口，建立了与当地政商社会的互动关系，增强项目执行团队的适应力和灵活度，通过"接地气"措施防止项目执行得"水土不服"。具体措施体现在：

1）因地制宜配置本地人力

项目部在充分发挥国内人力优势，调配国内熟练技术工人充当主力军的同时，充分发挥当地人力熟悉本国技术标准，具备特殊从业资质，与业主沟通顺畅等优势，尽可能地扩大本地人员的招募，组建了"中外结合、各有所长"混编劳务作业工人联队，既保证了核心战斗力，又兼有灵活机动、适应性强的本地化特点，有效提升了现场团队执行能力的韧性,增强了与当地社区的衔接。项目本地化用工策略主要分为两部分,第一是对有本地资质要求的特殊工种,包括质量检查员、现场安全员、特殊专业工程师等,项目精选本地优质资源,建立长期合作伙伴关系。在项目施工高峰期,项目管理团队中的质量部、HSE 部和施工部共聘用本地员工 56 人,占三个部门总人数的 60%。第二是在非关键岗位如防腐保温、架设、普通力工等尽可能使用本地人力或第三国劳务。为节约成本,减少中间环节,施工分包单位甚至远赴尼泊尔直接招聘架设工人,收获了高性价比的劳工资源。本地人员聘用的工作重点是人事管理,相对于中国工人,本地员工普遍具有合同意识强,善于主动沟通的特点,行政部仔细研究本地法律法规、劳工政策、熟悉相关工作流程,制定了严谨周密的人工聘用合同模板,为项目本地用工的稳定性和可持续性提供了良好支持。

2)借力本地资源,应对政令变化

马来西亚政府职能部门对项目监管措施严格细密,渗透到项目执行的用地、建造、设备制造、消防、环保等各个方面。但由于 RAPID 项目执行周期长,项目曾多次遇到政府部门单方面升级技术要求或更新工作程序的情况,对正在执行的工作造成困难。而根据业主合同,该类变化属于合同覆盖范围,承包商必须自我调整,全面满足本地政府的最新要求。在此严峻挑战前,项目部充分利用本地资源,与政府相关部门主动沟通,阐明我方困难和诉求,获得政府最大程度的支持。以钢结构正品证明书(Certificate of Authenticity,简称 COA)为例,2016 年 6 月马来西亚工业建设委员会突然改变了钢结构进口政策,增加了入境马来西亚钢结构产品的额外材料验证要求。时值 RAPID 项目马上进入钢结构安装高峰,大批钢结构正在预制厂加工,马上将发货到现场。而按照政府的新要求,材料抵达马来西亚后必须经过本地检验公司的二次材质检验,检验通过后才能放行,按照此流程,项目采购的钢结构将在马来港口迅速积压,清关进度将严重滞后。项目部立即成立了紧急协调小组,通过项目行政部和物流公司人员的本地关系网络主动建立与政府相关部门的联系,经过与政府部门的多轮沟通交流,项目部逐步深入了解了政府此次政令变化的具体要求,同时项目部借机向政府说明了项目具体情况和困难并取得了政府工作人员的理解。在政府部门的特殊许可下,项目部部署马来西亚政府认可的中国检测公司在钢结构出厂前提前开展材质检测,材料运抵马来港口后即可免除到港检测的要求,大幅提升了清关效率,满足了现场的到货需求。SEI 团队以积极主动的态度通过缜密细致的工作迅速解决了政府政策变化带来的难题,成为 RAPID 项目全厂处理该问题效率最高、效果最好的承包商，受到了业主的特别嘉奖。

3）加强行政后勤建设，做好属地化管理

RAPID 项目是马来西亚国家石油业主在柔佛州边佳兰地区的一片滩涂上完全新建的大型一体化项目，周边既有社区完全不具备人员安置的配套条件。RAPID 项目部从零开始，以人为本，建设了功能全面、配套齐全的大型项目临时营地。营地包括宿舍楼 17 栋和餐厅、便利店、理发室、洗衣房等配套建筑，宿舍建筑面积达 4.1 万平方米。项目部设立营地管理办公室对营区统一管理，编制了住宿管理、安保管理、医疗卫生管理、生活服务管理、公共设施管理、食品安全管理、人员健康管理等全方位地明文规章制度和检查标准。项目部因地制宜，委托马来西亚本地经验丰富的专业物业运营公司进行运维，并由其负责对外联络业主营地管理机构，地方政府相关部门以及周边友邻承包商营地，以及对内负责协调管理住宿、安保、医疗、维修等内务工作。在工程建设高峰期，营地共容纳了来自 9 个国家的约 3600 名工程管理人员、工程师以及工人。为满足各国员工不同的生活习惯以及宗教信仰需求，营地还设立了祈祷室，多功能休息室，藤球场以及分餐餐厅。为保证沟通顺畅，除营地办公室雇员采用中马两国联合管理外，还配备了来自多国的男女安保以及医疗人员。在运营的五年时间里，营地管理团队多次荣获马来西亚石油营地管理中心、地方警署、卫生部、水务处等单位的嘉奖（图 4.1-4）。

图 4.1-4　RAPID 项目临时营地概况图

4.1.5 项目资源整合与集成化管理

1. 整体化组织策划，集中优势力量统筹部署

自项目建设初始，SEI 公司领导即将 RAPID 渣油加氢项目定义为公司重点项目，积极组织部署公司内、外优势资源为项目提供全面支持。项目部将整体化工程管理理论与项目实践深度结合，在项目初期就确定了明确完善的项目执行策略和管理思路，并在人员组织上作好了相应准备。具体体现在：

1）专家整体策划

鉴于 RAPID 渣油加氢项目是 SEI 第一次进入马来西亚市场执行 EPCC 总承包项目，为充分利用公司现有成熟经验，全面识别规避项目风险，做好前期策划，在项目正式启动后，公司立即组织资深管理专家、高级项目经理、公司技术负责人、主要职能部门负责人等公司核心技术和管理人员组建了项目专家咨询委员会。委员会结合项目特点和难点，以集约化、集成化、过程化、协同化、数字化为基本脉络，针对技术标准应用、采买策略、物流方案、预制方案、施工分包策略、雨期施工方案、沿海地区成品保护方案、费控策略、进度控制策略、风险控制策略等涵盖项目执行全周期关键点的策略和计划开展了一系列专家研讨和评审，在综合各方专家意见的基础上形成了完整周密的项目执行路线图，为项目执行提供了清晰的指引。

2）公司领导与业主高层积极互动

在项目执行过程中，公司领导密切关注项目执行情况并与业主高层积极互动。项目执行期间，SEI 公司领导亲自参加项目发起人（Sponsor）会议 15 次，业主召开的首席执行官 CEO（Chief Executive Officer，简称 CEO）层级的会议 6 次以及多次公司级正式会议和非正式会晤。公司领导的亲自参与以直接、亲切、立体的方式展现了公司文化和价值观，增进了马来西亚人对中国石化工程建设有限公司的了解，提升了业主对 SEI 公司品牌的认可度，为项目团队和业主团队搭建了良好的上层沟通平台。密集的高层会晤迅速建立起业主和承包商之间互信互助的合作共赢氛围，并在方法、程序、目标等项目执行细节上达成一致，为两个团队的后续工作提供了清晰明确的指引。高层会晤后，在公司领导的指导下，公司各部门根据会议要求全力支持配合项目部工作，强有力地保证了项目工作的稳步开展。

3）配备精兵强将

项目管理的核心是"人"，在公司领导的亲自筛选下，公司选派了年富力强，有多年国际项目执行经验的高级项目经理及业务骨干组建项目领导班子。在设计方面，公司要求各设计专业室的技术负责人亲自挂帅，负责 RAPID 项目欧美标准体系与公司技术体系的融合及应用；在采购方面，公司推动公司采购部与集团国事公司合作，做好海外制造厂的催交和监管；在施工方面，公司派遣优秀的业务过硬、沟通能力强的施工经理并借调集团系统内施工企业有丰富海外施工管理经验的骨干人员参与施工分包管理和质量管理，并要求设计经理带领全专业设计团队常驻现场，提供施工全程的设计服务。

4）国际化培训

为保证项目人员迅速融入全英语工作环境，满足海外工作需求，公司协调集团公司资源，联合石化干部管理学院定制了一系列专项英语培训课程，通过线下集中讲座和线上课程等多种形式对项目人员、设计人员开展商务口语、正式写作、日常沟通等方面的英语培训，因课程的针对性强，专业性强，与项目实操紧密结合，迅速提升了参训人员的英语应用水平，实现了良好的培训效果。

5）强力攻坚设计标准

在公司的统筹部署下，各专业室、组为项目配备了强大的设计团队的同时，组建了以专业技术总监为负责人的 RAPID 渣油加氢项目技术攻坚组。在开展工程设计的同时，组织大批量技术人员通过加班加点快速研究和梳理业主标准规范体系，在最短的时间内迅速识别出有别于国内和公司技术体系的特殊要求，再通过编制内部项目技术规定和技术讲座等形式对全体设计人员进行宣贯，确保所有设计成品标准一致，满足项目技术要求。通过专业室的精心组织和技术人员的艰苦奋斗，在两个月的时间内，所有专业室的学习和梳理工作均已完成，为后期项目执行夯实了坚实的技术铺垫。

6）成建制团队支持试车开工

RAPID 渣油加氢项目包括试车执行和开车支持服务，但由于马来西亚业主没有类似高压临氢的渣油加氢装置开工和操作经验，为协助业主顺利开工，SEI 充分发挥中石化开工经验丰富、程序体系完善、人员素质高等优势，协调系统内部资源，聘请中石化中科炼化和齐鲁石化同类装置整编制开工操作团队 35 人奔赴马来西亚项目现场参加装置试车和开工工作，与业主一起操作并肩作战，亲身传授中石化开工经验并帮助业主实操培训其操作人员，有力地保证了试车开工进度，受到业主的高度赞扬。

2. 集约化资源整合，引领优质企业编队出航

设备材料制造供给和现场施工建造是总承包项目的主要执行内容，是项目进度、费用、质量控制的决定性因素，选择合适合理的供货商和施工分包商是总包管理的重要决策。项目部采用集约化资源整合的方法，根据业主对供货商和分包商的要求，结合全球市场资源情况，全面衡量各种资源方案利弊，构建了平衡高效的供货商和分包商配置方案。与此同时，SEI基于对国内资源的深入了解，精选国内优质供货商和施工分包商组建联合舰队在新生市场组团作战，充分发挥国内企业效率高，沟通顺畅，执行力强，配合度高的优势，有效降低了项目执行风险和管理难度，增强了项目的掌控力，提升了整体执行效率。SEI积极主动向国内供货商和分包商提供技术指导和经验分享，协助其进一步提升国际化水平和海外业务能力，打造以SEI为核心的优质资源朋友圈。

1）全球优选供货商

对于高压反应器、压缩机组、高压泵、高压截止阀、精密仪表等，欧美企业具有业主认可度高，国际应用广等优势。在业主供货商短名单的约束下，项目部充分利用RAPID项目引发的业内激烈竞标的氛围，全球范围邀请多家厂商竞争性报价，部分订单收到有效报价多达十多家。同时，在定标阶段采用二次竞争性报价，有效地压低了采购成本，提升了项目效益。

2）引领中国制造

由于对中国制造厂缺乏了解，马来西亚业主供货商短名单里鲜有中国厂商出现。凭借对中国厂商实际制造能力的深入了解和经过验证的多年合作经验，考虑到管道材料、管道阀门、普通仪表、钢结构等散材数量大，批次多，进度紧等供货特点，和中国制造厂响应积极，生产效率高，沟通便捷等优势，项目部积极推动业主考虑和接受中国厂商作为RAPID合格供应商。通过安排实地访问，开展质量体系审计，深度技术澄清等手段，项目部成功地将一批优质、可靠的中国制造厂加入到业主的供货商短名单中。作为回报，SEI与业主根据合同条款达成费用节省（Cost Saving）协议，将一部分材料差价以负变更的形式返还业主，由此业主在接收同等质量设备材料的前提下收获了额外收益，SEI则在中国厂商的支持下大幅提升了采买效率，降低了管理成本，缩短了制造周期，实现了双赢。

3）主动策划，比学赶帮引路前行

经过改革开放后的数十年发展，中国厂商在技术先进，质量可靠，信誉优良的道路上稳步向国际市场迈进，但在适应国际运作规则、满足过程监管要求以及英文文件提交上仍存在一定差距。项目部通过集约化管理方式，促进中国厂商的技术和管理水平提升。以钢结构为例，项目部选定三个制造厂分别负责部分钢结构的预制和加工，其中南方一家民营钢构厂曾与日本、我国台湾地区工程公司有十多年的合作经验，生产、防腐、包装、物流运输等一套作业体系完全符合国际化标准，缺点是单价较高。另一家北方钢构厂是国有大型企业，具有生产规模大、质量可靠、领导层重视、性价比高的特点，但缺乏国际化经验。项目部在进度上先安排南方民营钢构厂先行投产，依靠其丰富的国际化经验打通从制造到现场的全流程，满足项目前期的进度需求，然后再组织北方国营钢构厂紧随其后，边学边干。在项目部以及相关设计、采购人员的指导下，该钢构厂迅速摸索出一条符合国有企业运营规则的国际化道路，并借助其规模优势，在短时间内大幅提升生产效率和产出，高效地满足了现场建设高峰的材料需求。

4）结伴兄弟企业联合作战

与 RAPID 项目高标准的施工要求相比，马来西亚本地施工资源匮乏，技术力量薄弱，且受宗教习俗影响，劳务作业工人的工效低下。经过全面评比和权衡，项目部在众多备选方案中选定同为 SEG 集团旗下的中石化第四建设有限公司签署施工分包协议，由该公司全面负责项目的地上施工安装工作，随同 SEI 一起征战马来西亚市场。项目执行过程中，该公司将分包商的短期利益放在一边，放眼全项目和全周期的整体绩效，调动其海外经验丰富的沙特项目班底组建施工分包项目班子，发扬"一家人、一条心、一股劲、一个目标"的主人翁精神，在项目施工高峰期积极调集资源，组织加班加点赶工，全面配合 SEI 开展推进建设进度，同时积极开展技术创新，推动研发了包括现场全位置固定自动焊设备、钢结构整体模块吊装等先进施工手段，其中现场固定焊口自动焊工艺的工效是焊工的 4 到 5 倍，焊接合格率达 99%，大幅缓解了对高技能焊工的需求，有效地推动了项目的施工进度。

5）大浪淘沙，动态管理

土建分包商方面，考虑到土建施工的本土化属性比较强，从国内调遣熟悉的施工队伍比较困难，项目部集中在马来西亚本地寻找合适的施工分包。在项目初期，项目组织了多次现场调研，尽可能深入了解当地设备材料的市场，发掘选择合适的分包商。在基础施工的分包商选取中，策略性地选择了两家常年在马来本地耕耘的中资企业和一家本地企业。本地分包商在前期利用其熟悉本地作业的特点，很快开展工作，但在进度压力逐渐升级的中后期，暴露出工效低下，配合度低的本地分包商特点。项目部在仔细评估后，果断利用合同条款终结了该分包商的服务，由另一家中资土建施工单位接手，迅速扭转了进度落后的局面。

3. 集成化深度预制，扬长避短提升整体工效

RAPID 项目现场工作繁重、作业面集中、进度要求紧、业主的质量安全要求高、加上本地政府各种法律、法规、政令要求、自然气候和宗教习俗约束条件等，现场施工管理的不确定因素多，风险管控压力大。为提升项目执行的可靠性和稳定性，有效化解项目风险，项目部以集成化管理为思路，全力推动设备材料的深度预制和整体化吊装，将施工作业从海外高风险阵地转移到国内先进可控预制厂，将高风险的高空交叉作业转化为低风险的地面作业，充分利用国内预制厂集成化、规模化的产业化优势提升生产效率和质控水平。集成化预制和模块化吊装有效缓解了现场施工压力，分散了施工现场作业量，提前了后期工序的启动时间，提升了项目整体工效，实现了功能倍增和利益涌现。

1）加热炉整体模块化预制

RAPID 渣油加氢项目包括 8 台加热炉，其中常压蒸馏装置加热炉两台，每台长 25 米、宽 16 米、高 26 米，重 1000 吨。若采用传统的现场建造方式，需调配至少一百名熟练工人耗时一年时间完成。同时由于加热炉构造复杂，管道、电气、仪表辅助配件繁多，现场预制将消耗大量设计、采购协调和施工管理人力，加上现场作业条件和空间有限，最终成品质量难以控制。项目部经过仔细研究，在我国和东南亚多个国家调研，全面评估预制、检验、海运、现场安装整体流程和风险，最终决定在宁波一家经验丰富的加热炉制造厂进行整体模块化预制。在 SEI 设计、采购、制造厂人员的紧密配合下，50 名工人在 6 个半月的时间内就完成了整炉建造，制造周期缩短了一半以上。同时，项目部设计人员联合清华大学进行 ANSYS 计算，开展海运风险分析并周密设计海运加固措施，确保了跨洋海运和境内陆运的绝对安全。该加热炉最终顺利完成整体跨洋运输并在现场安装成功（图 4.1–5）。

2）深度管道预制

管道施工是石化工程项目施工的重中之重，常常成为项目进度的关键线路。RAPID 渣油加氢项目的管道系统具有高压厚壁管多，合金钢管道多，焊接工艺要求高等特点，同时焊接相关的焊前焊后热处理、各种无损检测要求高，总耗时长。

以一道 10 寸口径 10 毫米壁厚的合金钢管道为例，不考虑热处理之后到无损检测之间的规定静置时间，所有工序的净消耗总工时达 87 个小时。在此情况下，项目部联合施工分包单位仔细研究，精准策划，在项目初期即确定了在天津四建集团有限公司基地设立预制加工厂的预制策略，将现场室外作业变成国内室内作业，利用工厂先进的机械设备和熟练的中国技术工人有效的控制施工质量，降低安全风险，压缩建设成本。凭借分包商在天津有优质工人、先进设备、厂房资源和临近港口的运输优势，在 SEI 设计、采购、质量管理人员的密切配合下，该预制厂高效完成了 46 万寸（占总量 46%）焊接，以及 7.1 万个管支架的预制和所有预制管道的防腐近 13 万平方米，大幅减轻了现场焊接负荷。预制期间使用自动焊机 12 台，每天完成焊接量达 180 寸第，共完成焊口 18 万寸第，占预制完成量的 40%。预制完成后，在材料控制部门的组织管理下，根据现场的优先级需求次序，分批次运抵现场，及时满足了现场的管段需求（图 4.1-6）。

图 4.1-5　整体模块化跨洋运输图

（a）

（b）

图 4.1-6　深度管道预制图

3）钢结构预制和预组装

钢结构安装是衔接地下、地上施工作业的关键环节，钢结构的安装进度直接决定了后续管道的启动时间。项目部吸取国内成熟经验，采用全螺栓节点设计方案，所有钢构件国内预制后运抵现场螺栓安装，有效提高了现场工效，避免了现场钢结构动火作业。对于尺寸小，刚度低的设备钢结构平台构件，在预制厂加工完成后，项目部要求预制厂进行预组装并对偏差构件进行了二次纠偏，预组装过后的平台构件精度更高，尺寸更准确，安装更便利，有效保证了现场的安装效率和成功率。在物流方面，项目部采购部发挥集装箱船次多、航行时间短、运输方式灵活、转运便利的特点，开创地采用了集装箱运输钢结构构件的先例。设计人员仔细研究集装箱的装载特点，不断优化钢结构节点形式和拆分方案，以巧搭积木的方式提高集装箱内的堆放"密实度"，大幅增加了单箱装载量，在项目建设的中后期，大部分集装箱的单箱装载量达到 20 吨以上，提高了运输效率，节省了物流成本。

4）大型设备"穿衣戴帽"

吊装前在地面上完成大型设备的附属设施的安装是减少高空作业，降低架设工作量，加快施工进度的集成化施工措施。"穿衣戴帽"的范围包括设备保温、梯子平台、管支架、附塔管线、照明和仪表系统等。项目体量最大的常压塔，到货重量 800 吨，但"穿衣戴帽"的重量就有 200 多吨，以致总吊装重量超过 1000 吨。"穿衣戴帽"施工的关键之一是保证相关材料提前到位，项目设计和采购人员仔细梳理每根管道，电仪设备，防腐保温等材料，生成专项清单与制造厂逐项落实，确保该批材料单独处理，提前到场。为实现"穿衣戴帽"赶工效率的最大化，施工管理人员制定详细计划，部署充足人力设备，多专业、多层级、多作业面同时立体推进，将地面"穿衣戴帽"时长压缩到 41 天，大幅提前了吊装时间。

5）钢结构模块化整体吊装

相对于传统的单根构件的拼积木式钢结构施工，将钢结构杆件提前在地面进行模块化拼装，再采用重型吊车成片或者成框的整段吊装，是减少高空作业及交叉作业，提高全周期安装效率，降低施工成本的集成化施工措施。在有条件时还可以将框架内的设备、管道、电仪、防腐保温、水压试验等工作与钢结构一起在地面完成组装，并随钢结构框架进行整体模块化吊装。项目部利用大型吊装机具的空档期，采用钢结构模块整体吊装方案，大幅提升了钢结构安装效率，节省了安装开支。以项目常压蒸馏装置的常压框架为例。该框架高 49 米，结构总重 1040 吨。按照正常的单件杆件吊装的常规做法，需要至少投入 30 人，工期 3 个月以上。项目组将钢结构在地面分批组装成结构稳定、自成一体的子框架，利用常压塔吊装后 600 吨溜尾吊车的空闲期，采用整体吊装的安装方式在 12 天内用 8 次吊装即完成了所有钢结构安装组对，有效节省了人工成本，避免了大量的高空作业，大幅压缩了吊装工期（图 4.1-7）。

图 4.1-7　钢结构模块化整体吊装示意图

4.1.6　项目执行效果

SEI 承建的马来西亚 RAPID 渣油加氢项目实现连续安全生产超过 2000 余天，累计连续无损失安全人工时超过 3150 余万小时，是 RAPID 项目全厂所有参建单位中唯一达到以上两项纪录的承包商。同时，SEI 在马来西亚实现了境外公共安全零事故的目标。SEI 项目团队六次获得业主颁发的月度"最佳 EPCC 安全承包商"，六次获得月度"最佳安全装置区域"。

1. 工程质量控制方面

全项目总计报验 46561 项，一次合格率 98.98%。全项目焊口检测 55861 道，一次合格率 98.98%。项目部三次荣获业主颁发的"最佳质量 EPCC 承包商"。

2. 工程进度方面

由于首次进入马来西亚市场，对业主要求和管理程序不熟悉，SEI 在项目启动初期进展较为缓慢，项目进度出现滞后。但凭借 SEI 公司领导的卓越领导和开创精神，项目部在公司各部门的大力支持下齐心协力、艰苦奋斗，在施工阶段奋起直追,迅速推动项目建设进度直线上升,勇拔头筹。

2017年12月起,项目施工进度位列RAPID项目全厂各EPCC承包商之首。2017年9月,进度赶超负责乙烯装置的日本工程公司东洋;2017年10月,赶超负责重整、柴油加氢、石脑油加氢等装置的西班牙工程公司TR;2017年12月,赶超负责催化装置的中国台湾工程公司中鼎,成为RAPID项目全厂所有承包商进度之首。2019年1月,SEI负责的常压蒸馏装置开工成功,成为RAPID项目全厂第一个成功开工的工艺装置。2019年2月渣油加氢装置取得业主颁发的具备开工条件证书。

SEI在RAPID项目中制造的常压蒸馏装置加热炉和常压分馏塔打破马来西亚国家纪录。分别在2017年3月和2017年6月和被马来西亚纪录大全(THE MALAYSIA BOOK OF RECORDS)收录为"马来西亚最大常压蒸馏加热炉"和"马来西亚最大常压分馏塔"。

4.1.7 项目管理经验

项目部在RAPID渣油加氢项目执行过程中收获的经验以及相关建议有以下八个方面。

1. 深入开展数字化建设

经过RAPID渣油加氢项目实践验证并参照同台竞技的欧美日及中国台湾地区国际工程公司的执行体系,大力发展工程设计数字化和工程管理数字化是国际工程管理的大势所趋,是工程管理手段更新迭代的必由之路,也是中国工程建设企业借助科技创新快速提升设计水平、整合优化EPCC流程管理,增强项目整体执行能力,赶超国际一流工程公司的最好机会和最佳路线。需注意的是,数字化建设应与项目执行实践紧密结合,以解决实际问题为导向,循序渐进发展,同时在转换阶段保持审慎态度,严控应用初期的系统性风险。

2. 加强对招标文件的审查,利用好中标之后的澄清期

投标报价阶段对招标文件的研究深度决定了报价书的准确度和竞争力度。对于不太熟悉的新市场、新业主、新技术体系,应加大报价阶段的技术审查投入,及时梳理和掌握影响合同范围、进度、费用、风险的关键性信息,确保报价书预计成本与实际执行保持一致。同时应充分利用合同赋予的中标后的澄清期机会,集中力量

开展全面深入的合同文本和技术标准体系排查，抓住最后的机会填补报价漏洞，最大化维护项目权益。

3. 做好技术积累和人员储备建设

在项目初期，尽快熟悉业主技术标准体系是确保项目执行严格满足合同要求的前提条件，但在短时间内完成对陌生技术体系的全面排查和学习耗时耗力，且难免有疏漏。通过开展常态化、系统化的欧美典型技术体系学习和研究，建立覆盖全专业的清晰明确的标准体系对比资料库，是从容应对不同地区项目投标报价、在短时间内迅速找出新项目技术标准异同的最优办法。同时，国际工程总承包项目对项目管理人员的业务能力、沟通能力、国际视野、自我管理能力都有更国际化的要求，保持海外项目人员的参建意愿和积极性，加强人力梯队建设，通过培训和实操推动国际人才快速成长是保证海外项目执行能力的动力源。

4. 巩固优质供货商合作伙伴关系，优化海外紧急采购审批机制

国际工程项目执行离不开优质设备材料供货商的支持。互信互任的可靠供货商伙伴能够在采买询价时及时提供有竞争力的报价，在技术澄清阶段迅速反应积极配合，在合同执行时搁置细节顾全大局，在需要时提供雪中送炭的现场服务。打造着眼长远目标，谋求共同发展，诚信互惠互利的承包商—供货商生态圈，是项目整体技术、进度、费用控制的坚实保证。另外，国际项目执行地的工业发展水平，供货商供货能力与国内有较大区别，项目执行中出现紧急采购需求时难以获得内地供货商对国内项目同等力度的支持。建立针对海外商业环境，符合本地商业习惯和从业规则的紧急采购审批程序是压缩审批流程，迅速解决现场问题，保证项目平稳推进的必要之举。

5. 深耕本地市场，发挥本地合作伙伴作用

国际工程项目与国内项目在项目实施办法和管理流程上并没有本质区别，国际工程项目的难点主要来自新业主、新环境和新体系等带来的执行基础和执行条件的变化。在短时间内迅速熟悉项目独有的基础和条件，与自身项目执行体系紧密结合，充分发挥自身优势满足业主要求，是国际项目管理团队的主要工作目标。寻找熟悉本地规则和行情，具有一定本地资源调动能力的本地合作伙伴，建立诚恳互信的稳固合作伙伴关系，能够充分利用合作伙伴的经验和资源，规避陌生作

业环境带来的不利干扰和风险，充分释放自身核心竞争力的有效手段和高性价比措施。

6. 提升沟通水平，增强沟通效率

国际工程项目中业主在项目执行过程的深度参与以及业主对承包商执行细节的审批权，导致业主的批准效率在一定程度上决定了项目的执行效率。除技术原因外，业主的审批效率在很大的程度上取决于承包商人员的沟通效率和沟通水平。与业主的沟通广泛地存在于书面信函、会议、邮件，甚至个人之间的对话、交谈、形态甚至表情中，由于项目各个环节的密切关联性，单个个体的沟通低效和失败可能会导致后续工序的整体滞后和积压。搭建对等的沟通平台，建立高效的沟通机制，改善人员不良沟通习惯，提升语言运用能力和技巧，能够逐步提升员工沟通水平，提高项目整体执行效率。

7. 公司领导的重视和支持

相对于国内项目，国际项目需要公司领导更多地参与和支持。首先，因业主和合同的要求不同，国际工程项目在组织管理、程序规则、方式方法等方面有别于国内项目，导致在国内项目实践中长期积累形成的公司常规程序、做法和分工等不一定适用于国际项目执行。在出现冲突时，需要公司引领各支持部门根据国际项目的需求开展管理创新，优化既有工作方式和程序，配合项目组开展相关工作。其次，有别于 SEI 在国内业界家喻户晓的声誉和能力，初次接触的海外业主对 SEI 的了解和认识有限，容易在项目初期的磨合阶段因工作方式和习惯的不同而产生误解和质疑。公司领导参与指导并与业主高层建立直接联系，可以迅速形成公司之间的共识，筛除杂音，明确合作共赢发展策略，引导项目回归健康发展路线。

8. 激发主观能动性，加强人的管理

项目管理的所有组织策划，最终要依靠人的执行形成实际效力。人是项目执行的核心。国际工程项目标准高、细节严、风险大，同时在境外执行，国内力量难以支持，未预料到的或意外情况频发，项目整体执行难度较大。应对这些挑战的策略，一是在传统方法基础上开展制度创新，通过新的组织结构和运营方法最大化地释放和发挥既有力量效能；二则是通过精准设立目标，强化过程管理，做好后勤支持，用"以人为本的绩效管理"激发项目参与者的潜能，增强项目人员的主动性、

创造性和坚韧性，以参建人员对国际工程事业的热情和源源不断的付出弥补项目团队整体能力和经验上的短板，用不断试错、不断修正的方法，实现不断优化，不断提升的目标，迅速填补不足，缩小与国际一流工程公司的差距。

4.2 海外工程项目管理创新案例之二

海外工程项目管理创新案例之二：泰国石油精制石油化学企业聚丙烯 EPCC 总承包项目工程管理创新案例。项目管理的创新贯穿在项目的设计管理、采购管理、施工管理、进度管理、合同管理等各个环节中，下面以中国石化工程建设有限公司泰国石油精制石油化学企业（IRPC）聚丙烯项目为例，展示项目管理创新的具体实践（图 4.2-1）。

图 4.2-1　泰国聚丙烯 EPCC 总承包项目部员工

4.2.1　项目概况

泰国聚丙烯 EPCC 总承包项目业主为泰国石油精制石油化学企业（简称"IRPC 公司"）。隶属于泰国 PTT 集团，总部位于泰国曼谷。项目所在地罗勇位于泰国湾东部，离首都曼谷东 200 公里，离曼谷素万纳普机场约 165 公里。项目包括两套装置，其中改建现有聚丙烯装置（简称"PPE"），专利技术采用 CBI/Lummus Novolen 技术，产能由原来的 22.5 万吨／年，采用反应器并联的方法，增产 16 万吨／年，改造后的产能为 38.5 万吨／年。新建聚丙烯装置（简称"PPC"），采用日本 JPP Horizone 技术，产能 12 万吨／年聚丙烯产品，其中 PPC 还包括现有火炬的改造，新建配套循环水厂，现有成品仓库改造等众多内容。泰国 IRPC 聚丙烯总承包项目是完全开放的国际性公开竞标项目，共有 9 家全球知名的工程公司参与投标（其中中国公司只有 SEI 一家），通过业主内部各级评审、三轮技术澄清、三轮商务澄清和谈判，SEI 于 2015 年 4 月 30 日收到业主发出的中标通知书，合同额为 2.2 亿美元，资金来源方式为业主自筹。

4.2.2 项目合同简介

泰国 IRPC 聚丙烯总承包项目包括 2 个标段，4 个合同。两个标段分别为改造装置 PPC 标段和新建装置 PPE 标段，4 个合同分别为 2 个标段的采购合同和施工合同，四个合同之间通过桥协议连接其责任义务和权利。其中，采购合同包括泰国境外的一切与材料供应相关工作，包括必要的工程设计以及相关的工作，所采购的设备和材料应运到指定港口交货。施工合同是指泰国境内的一切工作，包括将采购合同中所采购的设备和材料从指定港口进行清关并运到项目现场、当地设备和材料采购、设备安装施工、预试车、指导监督试车、开车、性能测试、商业运行后保障运行 12 个月。

根据中石化炼化工程（集团）股份有限公司（Sinopec Engineering Group Co., Ltd. 简称 SEG）的统一安排和授权，SEI 负责签署两个标段的采购合同，SEG 在泰国注册的子公司 SEG（泰）签署两个标段的施工合同，SEG（泰）再对 SEI 进行对本项目的授权管理。因此 SEI 是本项目的执行主体。

合同规定改造装置（PPE）工期为 25 个月达到商业运行，新建装置（PPC）工期为 26 个月达到商业运行。

4.2.3 项目管理组织机构

针对泰国聚丙烯 EPCC 总承包项目，SEI 设立项目经理部，下设七个业务管理部门，分别是行政部、质量管理／质量控制部、施工部、设计部、采购部、控制部、试运行部（图 4.2-2）。

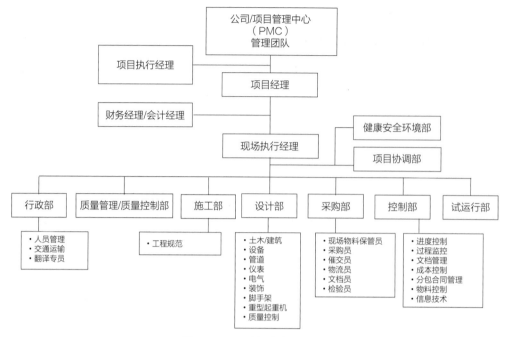

图 4.2-2　项目管理组织结构图

4.2.4　项目特点和难点

项目背景方面，泰国 IRPC 聚丙烯总承包项目是 SEI 公司第一个海外化工类的 EPCC（设计、采购、施工、开车）项目，也是公司第一次在泰国执行大型的工程项目，对业主习惯做法、自有标准、当地法律法规不熟悉，对当地资源掌握不全面。

自然条件方面，当地气候高温多雨对施工进度影响较大。

项目管理方面，业主聘请了第三方项目管理专业团队（AMEC Foster Wheeler），业主管理团队要求非常高，同时业主指定设备（包括长周期设备）现场故障率偏高，影响项目整体进度。

进度驱动方面，泰国 IRPC 聚丙烯总承包项目是进度驱动型项目，周期短，要求高，26 个月完成试车、装置性能测试并达到装置商业运行有很大的困难和挑战，这个进度要求即便放在国内执行也具有很大的挑战性。

设计要求方面，AutoCAD PID 软件在公司内首次应用、PDMS 软件在化工项目首次应用、3D 模型要求的模型深度超过了以往的海内外项目，同时，在采标方面，由于业主采标比较杂，涉及范围除了通常使用的国际标准如 ASME、API、IEC 等，还有泰国标准以及部分日本标准和欧洲标准。这些要求都给设计的难度和进度带来很大的挑战。

施工复杂性方面，由于现场施工区域狭窄，为了满足合同进度的要求，各专业施工深度交叉，同时，受到毗邻现有装置操作的影响，HSE 管理更加严格，工效受到负面影响。另外，装置在区外部分施工范围和施工区域跨度大、区域业主多，管理难度大。

4.2.5 项目管理策略与创新

针对泰国 IRPC 聚丙烯总承包项目的特点和难点，项目经理部针对设计、采购、施工和试车等进行了详细的项目管理策划。项目管理的创新之处就在于注重本地化发展，设计方面结合以往项目经验教训，充分运用到本项目中，加快设计进度。在采购方面，实现本地最大化采购。在施工方面，为顺利与业主沟通，现场工程师全部本地化，充分调动资源。在试车方面，泰国业主深度参与，确保项目的顺利实施。

1. 设计方面

项目部组织设计人员对 FEED 文件和业主规范进行识别，针对不合理的要求提出澄清并登记在案，为后续的变更索赔做好铺垫，项目部要求设计人员要有成本和合同意识而进行限额设计和优化设计。特别强调，设计团队是一个有着多套聚丙烯设计和多年的经验的团队，同时刚刚结束了福建和武汉聚丙烯项目经验，项目部要求利用多年的聚丙烯经验将福建和武汉聚丙烯项目的经验教训充分地消化到泰国聚丙烯项目当中，从而为装置顺利开车奠定了坚实的基础。

针对现场的改造部分，考虑到因现有装置要与业主不断沟通和不断地进行现场测量工作，项目部策划了设计本地化，大大地节省了设计成本，顺利地通过业主和 PMC 的审查而提高了设计进度。

2. 采购方面

采购部策划了关键和主要设备材料国内最大化采购，大宗材料泰国本地最大化采购，在泰国本地采购的物资以及管理全部本地化管理，而合同和商务全部由国内本部统一管理和决策。在泰国的物资的运输、清关和现场仓库的管理等全部策划本地化管理，从而降低采购的管理成本。

3. 施工方面

施工部策划关键岗位由公司本部的负责人担任，考虑到语言沟通的问题，与 PMC 和 IRPC 业主能顺利沟通，施工部策划现场的专业工程师、HSE 工程师和质量工程师全部本地化，前期充分调研泰国施工单位资源并最终选择一流实力的单位作为首选的施工分包商。针对泰国施工资源专一性的特点，施工部详细地策划了施工分包，并制定了周密的界面管理策划，包括不同的专业施工单位进行深度交叉的管理策划。

4. 试车方面

SEI 第一次涉足试车管理工作，虽然有多年和多套聚丙烯装置的设计和总承包经验，但是并没有实际操作经验，项目部策划邀请福建联合石油化工有限公司和中韩（武汉）石油化工有限公司的专家作为泰国聚丙烯项目的试车专家，由他们支持编制试、开车计划和方案，正是在他们的大力支持下，试运行部最后很顺利地完成了试车、开车工作。同时，在试车过程中，泰国 IRPC 业主深度介入，为了能和业主顺畅沟通，试运行部策划将施工部的专业工程师转岗为试车专工，同时将 SEI 设计代表也转岗为试车工程师，这样既支持了试车工作，同时也为设计人员增加了实际操作经验。

4.2.6 项目管理措施及效果

1. 设计管理

1）建立版次设计的新方式

版次设计是执行海外项目的一大特点。在国内设计项目基本没有版次的概念。本项目要求建立版次设计的理念，使其能够在条件不具备的情况下按照优先顺序先行开展部分工作，随着资料的不断深化，图纸逐步深化，形成连续作业。每一版图纸需按照下游专业，采购、施工的优先顺序开展工作，先固化一些重要的内容，待定一些不确定的内容，使得下游专业减少返工，节约时间。

2）实现现场设计管理模式

为满足现场施工进度和质量要求，从桩基工程、土建及地下管网开工伊始，公司本部陆续向现场派驻设计代表，并任命设计总代表进行现场设计管理，策划组织设计澄清会、例会和周报制度、发布设计变更、回复设计联络单等多种形式确保现场施工顺利。设计代表在现场要肩负装置设计人和开车工程师双重身份，同时也对采购、施工提供技术咨询和技术支持。

3）树立合同变更索赔意识

设计负责人深知做境外 EPC 项目合同是基本法则，深知变更索赔的重要性，项目之初就要求设计人员要树立索赔的意识，不是合同范围的额外要求，专业负责人都有理、有据、有节地与业主谈判协商，针对最后形成的额外要求，专业负责人应配合合同业务人员向业主索赔。

2. 采购管理

泰国 IRPC 聚丙烯总承包项目周期短，按照项目进度计划要求完成采购工作难度很大。业主负责长周期设备订货，但采购订单后的设备监造、运输、付款、保函、现场服务等工作全部移交给 SEI 执行。业主批复提供的认可供应商列表中大部分为国际品牌及中国境外供应商，SEI 引入和推动了中国供应商入围，补充认可供应商列表。

1）采购业务分级管理

采购合同按照额度、种类等进行分级管理，不同等级的采购合同在决标审批环节实行不同的审批流程。根据项目的要求和物资不同的特性，划分催缴等级、检验等级和运输等级，实现重点监控、节约投入。

2）采买工作信息化

使用 SEI 采购集成管理软件，合同管理信息系统，材料管理数据库系统，文档管理系统和公共盘结合的方式，实现电子文件的存储、实时共享和及时查询。

3）全过程效能监察

SEI 效能监察对本项目实行全过程效能监察，具体操作按照《公司总承包项目物资采购（询比价）监督办法》执行。

3. 施工管理

由于本项目工期紧、任务重、区域业主多且要求高、施工作业面受已有毗邻装置影响大，加之参与单位众多，交叉作业严重等特点，因此施工采取了按区域施工和按工艺系统施工相结合，"两条腿走路"的思路，按区域施工为工艺系统完成作好准备；按工艺系统施工为区域规定了优先施工顺序，根据系统质量包 Q-Pack

（Quality Package）的状态对系统进行量化跟踪，两个系统施工并行不悖、互相促进、互相检查。

采用图纸结合 3D 模型施工并对工程量进行量化管理。采用图纸结合 3D 模型进行直观、立体的施工，在施工前进行碰撞检查也可以统筹规范施工方法、最大优化施工资源，同时将工程量按区域进行分解量化管理并直接简明地进行进度控制和汇报。各专业间深度交叉、平行作业、细化管理取得了很好的成效。

4. 进度管理

鉴于进度的挑战性，控制部采用关键路径法和系统交付优先级倒推法相结合的方法，制定项目的三级网络计划，制定设计、采购优先级，合理分配项目资源，建立项目进度预警制度，在三维模型上，实现五维控制，即系统交付需求、现场建造需求、设计进度需求、厂家资料及到货情况和费用控制需求等。

泰国 IRPC 聚丙烯总承包项目利用 P6 平台编制项目的三级进度计划，在符合三级计划时间节点的前提条件下，利用 Excel 编制各专业的四级进度计划或专项计划。项目三级进度计划的明细程度为：项目——阶段——专业——单元——工作包。利用 Excel 编制各专业的四级计划，即明细程度至各项专业活动或交付成品文件。

在项目的执行过程中，前期、中期进度基本可控，到现场施工的高峰阶段，即管道安装、电仪安装、回路测试等工作，由于受到施工单位效率低下、现场施工场地狭小限制，以及现有装置不可预见的紧急停车、有机物排放等导致现场停工屡屡发生等因素影响，项目的整体进度出现偏差。对此，项目部积极应对，一方面通过各种方法，包括要求施工单位增加施工人员、从中国派遣更有经验的专业技术工人现场支持、增加施工机具、加大加班措施等主动行动，追赶进度，另一方面积极收集资料，对业主进行工期索赔。通过一系列进度追赶措施，并与业主多次高层协商，最终双方达成一致意见，业主批复了承包商的进度调整申请，延期至 2017 年 12 月。

5. 质量管理

泰国 IRPC 聚丙烯总承包项目的质量管理贯穿整个项目，在各个环节中都很重要，预试车之前要将所有的试压包验收完成，将所有的尾项清单全部关闭掉，并且还配有一套移交系统，利用专门的软件，对工程各专业的施工过程资料按照系统、子系统、质量包进行统计和收集，每天更新，可以实时反映出工程进展中每个细节的状态。而支撑这个巨大数据库的就是现场质量管理组日常工作所形成的各专业的过程质量信息数据（检试验、验收的信息）。项目要求施工检验试验独立出来，在功能上属于质量工作的范畴，项目对质量管理人员的能力、数量、工作时间都提出了严格的要求，因此项目部还形成了一个包括经理，施工质量管理/质量控制经理，各专业施工工程师等成员在内的庞大的质量管理团队，且全部为专职（表4.2-1）。

泰国 IRPC 聚丙烯总承包项目质量管理　　　　　　表 4.2-1

序号	目标	履约情况
1	满足合同要求，即满足合同中规定的产品质量、进度、成本等要求	实现既定目标
2	遵守健康、安全和环境的要求，满足泰国的法律法规及业主的特殊要求	实现既定目标
3	详细工程设计满足基础工程设计要求，设计成品合格率 100%	实现既定目标
4	工程物资采购质量符合设计图纸及有关标准规范要求，设备材料合格率 100%	实现既定目标
5	工程质量达到泰国国家施工验收规范合格标准。单位工程的质量合格率 100%。施工焊接一次合格率 96%（按片计），炉管和特殊钢材的焊接质量一次合格率 97%。A、B 级质量控制点报验一次合格率 96%	实现既定目标

6. HSE 管理

项目在策划阶段制定了 HSE 管理方针、目标，在危险源辨识、法律法规辨识及环境因素识别的基础上建立了较为完善的 HSE 管理体系并持续改进，项目部共实现安全人工时近 860 万，实现了零伤亡、零环保事件、零财产损失的 HSE 管理目标。

根据公司要求及泰国法律规定，项目现场同时设置了安全管理委员会，项目经理担任管理委员会主席，施工经理、HSE 经理等其他各部门经理及分包商管理层和工人代表担任委员会成员。项目部根据泰国法律聘请了具有专业资质的第三方机构对安全管理委员会所有成员进行了培训，每月定期召开安全管理委员会专题会议，在会上对当月 HSE 管理情况及下月 HSE 管理重点关注内容进行讨论（表 4.2-2）。

泰国 IRPC 聚丙烯总承包项目 HSE 管理　　　　　　表 4.2-2

序号	目标	履约情况
1	以先进的技术、科学的管理和全员的努力，创国际一流的 HSE 业绩	制定了全员安全生产责任制，从项目经理至所有员工均能较好地执行各自的 HSE 职责。项目 HSE 绩效得到了业主、PMC 的认可

续表

序号	目标	履约情况
2	无伤亡事故，无火灾爆炸事故，无环境污染事故	截至2017年9月项目共实现近860万安全人工时，完成了无伤亡事故，无火灾爆炸事故，无环境污染事故的目标
3	创造良好工作环境，提高员工健康水平	项目严格执行职业健康，行政HSE各类规定，定期对所有员工进行体检，实现了既定目标。项目配备了兼职身心健康辅导员，现场定期举办境外员工身心健康培训
4	严格遵从项目环评、安评和职业病危害评价报告和泰国法律法规，合规率100%	项目策划阶段对环评、安评和职业病危害评价报告及泰国法律法规进行了识别，定期进行合规性评价，合规率100%
5	境外公共安全零事故	项目建立了完善的境外公共安全管理体系并持续改进，实现了境外公共安全零事故的目标
6	工程总承包项目一次投料试车成功率100%	PPE装置、PPC装置实现了一次投料试车成功
7	重大安全、环保事故发生率为零	项目实现了重大安全、环保事故发生率为零的目标

7. 项目风险管理

本项目PPC及PPE两套装置建设地点均在业主老装置周边，高峰期作业人员多，面对着作业空间狭窄，项目进度紧张的情况，各类交叉作业的出现不可避免。项目部严格按照项目程序不断进行危险源辨识并落实各项控制措施，特别是对脚手架搭设及拆除、动火作业安全管理、格栅板安装、吊装作业等高风险直接作业环节，项目HSE部门严格组织分包商针对每项工作进行假设（what if）分析，通过作业许可控制分包商对各项危险源控制措施的落实。同时项目HSE部门通过协调施工组，针对各类作业采取错时、错峰等方式优化施工方案，尽最大可能避免交叉作业。

8. 费用管理

鉴于项目作为开拓东南亚市场的重点项目，是公司第一次进入泰国市场，第一次承接化工EPCC项目，且为国际公开竞标。因此，在项目初始阶段，根据公司成本控制规定及批准的费用估算，制定本项目的成本控制目标。在项目执行过程中，制定合理和权威的工程费用控制基准，确保实际工程成本在项目控制基准线以下正常运作。确保实际工程成本不超过合同总价及公司批准的费用控制预算。力争项目最经济的支出和最大的工程收入。通过项目收尾阶段和业主进行合理的费用变更索赔，在最终的项目结算中，项目达到并超过了预期的经济效益指标。

9. 试车管理

项目合同范围包括预试车、试车。预试车指机械竣工至全厂投料开车的工作，试车指投料开车至性能考核的工作。依据合同要求，这些文件详细规定了试车的组织管理、系统划分和移交、各项试车活动的详细实施方案和检查记录表格、PSSR 程序等。按 PMC 要求也为了预试车的组织实施，编写了大量的预试车作业包文件，组织实施了吹扫作业、气密作业、单机试车作业、联锁测试等。同时，项目聘请了国内有相同工艺装置的开车经验的开车队全程参与，两套装置均取得了开车一次成功，并顺利通过性能考核的好成绩。

4.2.7 项目启示和建议

1. 重视投标工作的投入

在项目投标阶段，澄清和合同谈判的结果决定了一个项目是否成功的一半。然而，在投标人员的意识里，报价是一个不落实的项目，由于每个人的工作负荷比较重，就会忽视报价工作。投标报价期间对标书中的要求研读不够细致，对标书中潜在的隐患挖掘不够，标准中的冲突，FEED 的错误经常隐藏在标书的角落里，稍不留意就会在项目执行阶段出现问题。

海外项目投标报价的积累还需从项目执行的实践中不断积累。目前无论从工程量的估算还是对于国际价格的把握都没有很好的数据积累。只能套用国内做法和经验，导致工程量不足和部分材料遗漏等。在项目执行中出现了几笔数额较大的超概算支出，例如，紧急隔离阀门，惰性气体灭火系统，聚合区的电梯、除尘系统，给 EPCC 项目执行带来了较大的风险。

从泰国 IRPC 聚丙烯总承包项目总结的经验是，对于国际招标项目应该适时投入人力仔细研究项目标准和相关业主要求，对于 FEED 文件进行较好的审查和澄清，以减少在合同生效后与业主及 PMC 之间的扯皮。注重对海外项目工程量和价格的积累，形成各专业各装置的工程量库。

2. 加强对合同和标准的学习

在项目初期各专业都以不同的方式组织对标准的学习。对于同一个事情的规定在多个标准中提及并且所规定的内容有重复也有不同，甚至还有冲突。加上国内的专业设置与国外的专业设置的区别，有些专业的标准会分散到其他各专业当中，表现突出的如给水排水专业，涉及的专业有工艺、配管、地管、消防、安全、土建；电信专业标准分散在 HSE、仪表、电气、通信四个专业的标准当中。由于设计进度紧，人力不足，专业沟通不够，在项目执行过程中还是出现了一些对标准规范理解不到位及不能及时发现相关的规定的问题。

因此，在项目执行初期就要花大力气组织对合同和标准的研读。各专业制定学习计划，把学习的标准中的重要条款形成专业统一规定发放给所有专业设计人员。项目部有专门管理人员协调和检查学习情况。定期组织多专业的沟通交流，对研读过程中发现不属于本专业的规定及时收集及时通知相关专业。不同专业负责人之间也要一起沟通学习统一做法，形成专业统一规定，资源共享。把重点及易忽视的要求都标记出来，组织本专业人员一起学习。

3. 加强设计变更的管理

泰国 IRPC 聚丙烯总承包项目的设计变更，一种是对供货商的变更，还有一种是对于现场施工的设计变更，后者是主要的。在泰国 IRPC 聚丙烯总承包项目的执行中由于版次设计和进度的要求出现了较多设计变更给现场施工造成了一定的影响，但是究其原因主要是因为制造厂的资料返回滞后和内容修改，从而导致具有可施工性的图纸不断升版，进入现场的二次施工图不断更新。

在今后的项目实践中首先在开始进行详细设计前作好整体的规划，体现出版次设计的优势，根据下游专业开展工作的顺序分区域和重点逐步深化设计，针对滞后的厂家资料不到位，充分发挥多年经验，多预留空间，通过评审方式消化返工风险。

4. 加强沟通和协调

项目执行中的沟通无处不在，有专业内部的沟通，专业间的沟通，设计与控制、采购、施工等部门的沟通，与 PMC 和业主的沟通，和供货商的沟通。这么多地沟通哪个环节沟通不畅一定会出现问题。在项目开始也吃了很多的亏，由于语言的障碍不太愿意主动和 PMC 工程师沟通，结果设计出的文件不能满足要求，浪费了大量时间返工。

还需建立起主动沟通的意识，可以通过集中办公方式方便大家沟通。电话沟通是比较好的沟通方式，容易说清楚达成一致。对于达成一致的问题通过邮件进一步确认，可以有追溯性。

5. 项目管理和专业管理能力要进一步提升

如果项目专业负责人的主要精力在设计，专业管理工作不到位，将会导致项目管理人员要参与到专业管理的工作中，协助专业负责人厘清设计状态和进度情况，协调人力安排，使得整个管理层级下移，对整个项目执行有一定的影响。对于总承包项目，专业负责人不但要关注本专业的技术问题，还要对项目费用和进度有敏感度，并把这样的理念传达到每个设计人员的头脑中。在设计的过程中形成自下而上的费用意识和进度意识。项目中后期对于锦上添花的修改要给予把控。

在以后的项目实践中需要加强专业负责人和项目管理人员的管理能力培训，提高项目管理和专业管理人员的管理能力。在执行海外项目时建议设置专业技术负责人和专业管理负责人。

6. 境外现场员工本地化

项目部的健康安全环境、施工、采购、行政等各部门均在项目现场聘用外籍员工，成为首个 SEI 境外项目在项目本土聘请当地雇员的项目。项目采购部聘请的泰籍员工具有丰富的工程建设项目的经验和专业知识，能够独立系统地完成工作，不仅得到了采购部的认可，同时也得到了项目部的认可。泰籍员工的聘用，为公司境外项目的人员管理制度开辟了新的人力资源途径。今后若再执行境外 EPC 项目，可继续采取在项目本土聘请当地雇员的方式。

4.3 海外工程项目管理创新案例之三

海外工程项目管理创新案例之三：沙特阿美 MGS 燃气增压站二期 EPC 项目管理创新案例。在项目的执行过程中，打破传统的全权委托分包模式，采用完全自主的分包模式，在项目管理、商务经营等各方面实行一系列精细化管理，对于其他同类项目的实施具有重要参考意义。

4.3.1 项目概况

沙特阿美 MGS 燃气增压站二期 EPC 项目（以下简称 MGS 二期）是中国电建集团山东电力建设有限公司（以下简称"山东电建"）与沙特阿美石油公司（以下简称

"阿美")合作的典型设计——采购——施工（Engineering Procurement Construction，EPC）工程项目，是"一带一路"背景下国际合作的代表项目。山东电建经过几年的转型升级，成功地从电力建设行业转向石油天然气行业，在燃气增压站项目的执行和管理方面积累了丰富的经验。

MGS 二期 BGCS1 号站占地约 89 万平方米，建成后，将使天然气输送能力由每日 2.72 亿立方米提高到 3.55 亿立方米。项目主要工程量包括主设备由六台 GE（General Electric Company，通用电气公司）产燃气压缩机（五用一备）、一套火炬系统及黑粉设备组成；电气、仪表、通信电缆共计约 220 万米；地下管道 2.7 万米，地上管道 5.3 万米，共计 8 万米管道，其中地上管道焊接量为 1.1 万米径；钢结构 10880 吨；混凝土 57000 立方米；总建设工期为 35 个月（图 4.3-1）。

图 4.3-1　沙特阿美 MGS 二期 EPC 项目

4.3.2　项目管理创新经验

EPC 总承包，是相对于施工总承包而言的，承包内容除施工之外，还包括设计、采购、预调试等，即传统意义上的交钥匙工程。在这个过程中，总承包方要对工程的质量、安全、费用和进度进行控制。MGS 系统，即 Master Gas System，是由阿美运营的当今世界上规模最大的天然气采集和处理系统之一，MGS 二期是该系统的第二次扩建，是沙特王子提出的"2030 愿景"的重要部分，该项目的顺利执行，能够有效提升沙特石油及天然气的输送及出口能力，对沙特国家特别是沙特西部经济发展有重大意义，因此，项目受到阿美乃至沙特国王的重点关注。合同分为 OOK（Out of Kingdom）及 IK（In Kingdom）两部分，OOK 合同主要涉及项目的

E 和 P 部分，即项目的设计和采购，IK 合同只涉及项目的 C 部分，除此之外，还包括项目的预调试部分及调试配合工作。就 MGS 二期而言，项目执行过程中既要作好项目的设计、采购、施工和预调试等方面的管理工作，还要做好项目的团队建设、商务经营、进度、安全及质量控制、资金风险控制、文件信息控制等其他方面的管理。

1. EPC 过程管理

1）设计管理

在 EPC 模式中，E 不仅包括前期设计院的主体设计工作，还包括设备材料供货商的厂家文件审阅批复，以及施工及预调试过程中出现的设计相关问题的解决，是 EPC 项目总承包的龙头。设计团队的人员配置和水平、设计内容的优化和变更等，都会影响和制约后续采购、施工及预调试工作。设计工作贯穿整个项目执行的全过程。

（1）设计团队的选择和人员构成。标准严苛是阿美项目的重要特点之一。阿美有自己独立的规范和标准。自前期工程设计（FEED）验证开始，所有参与设计管理的人员就应该详细审读合同文件和设计方文件，深入了解项目所在国的法律、法规及相关政策，并且对设计团队的整体水平有较高要求。转置合同是阿美项目的一个重要特点，在 EPC 项目总承包合同签署之前，业主方阿美已经就大型核心设备与其批准的供应商签订了采购及服务合同，EPC 合同签署之后，业主会将此合同转置到承包方，由承包方进行采购过程的执行和控制。MGS 二期 EPC 项目的转置合同是与 GE 签订的燃气压缩机合同，GE 设计文件的审查，尤其对于来往澄清文件、规范适用性和供货界面等方面，都对项目的设计管理团队提出了较大的挑战和要求。

MGS 二期选用了英国的 ATKINS 设计院，ATKINS 设计院参与了沙特阿美 MGS 一期 EPC 项目的设计工作，对阿美的行业标准比较了解，具有丰富的阿美项目设计经验，在项目实际的设计管理过程中发挥了重要的关键性作用。同时引入中国石油管道局管道设计院，以增加设计资源，与国外设计院形成竞争，防止项目后期 ATKINS 撤离及现场失控、设计变更发生问题及新增设计委托出现要价高的现象，旨在控制成本。

（2）设计优化和变更。前期 FEED 文件中，部分设计方案套用标准较高，或与实际地理勘测不符等，结果造成现场施工难度较大而且成本较高。设计团队在研究相关阿美规范和标准后，在符合阿美规范要求的情况下，进行设计方案的优化，降低施工难度，节省成本，加快项目进度。MGS 二期对设计进行全过程管控，提出设计优化项目共计 22 项，累计节省项目费用 1258 万美元。同时在设计管理中，本着互惠互利、友好合作的原则，在仔细研读合同及相关规范的基础上，结合现场实际情况，积极提出负向变更，既为业主节省了成本，也使自身获得了效益。

2）采购管理

采购管理是 EPC 项目的关键环节，影响着项目设备材料的交付，该项工作贯穿于整个项目实施的始终，是项目顺利执行、完美履约的重要保障。广义的工程采购包括材料、设备、劳务、服务等各个方面。保障采购进度及质量，控制好采购整体费用，不仅能促进和保证项目整体进度，而且会降低时间和人力成本，对项目成本控制产生重要作用。为保障采购工作和设备催缴工作的顺利开展，项目部从以下几个方面进行了管理和监管。

（1）严控采购流程，掌握并控制好每一个环节。阿美项目的采购流程极其复杂，每一个采购包都必须经过物料需求与询价编制及业主批准、收发标、技术标评标业主批准、推荐信及业主不反对信函、合同签订等环节。其中收发标厂家必须是业主认证的供应商，部分设备材料的认证厂家会出现只有一家或者几十家的极端情况，给采购谈判带来极大困难。为此，要实行采购审批流程化，规范采购程序，提高工作效率。

（2）催缴方式多样化，助力设备材料及时到场。首先，定义关键周期设备、明确采购催缴重点等措施，确保设备、材料及时到货；其次，借助各方力量，给供应商施加压力，加快设备生产过程、缩短运输周期。在 MGS 二期中，项目部领导亲自带领采购部催交人员与厂家召开高层会谈，协调解决合同执行过程中的技术、商务、进度等各类难题，邀请业主方项目经理、公司领导等前往厂家催交，逐条落实存在的问题与制约进度的因素，并逐个解决，这对难度较大的设备的到场产生了立竿见影的效果。

3）施工及预调试管理

（1）根据项目特点，优化施工工序。MGS 二期地上管道焊接量多达 1.1 万米径，在管道施工中采取了管道工厂化预制的策略，大口径管道在当地专业工厂预制，小口径管道在现场设立预制车间，大大提高了管道安装速度和效率。同时还采取了基础提前预制、优化电缆分支桥架基础施工、优化排水沟施工工序等，为施工赢得了时间。项目部根据站点多且比较分散的特点，实行领导班子贴身管理制，项目班子成员分管不同站点或专业，每周向项目经理汇报工作进展情况，每月汇总形成月报汇报给公司总部分管领导。除此之外，为加快施工进度，项目部先后制定实施了分包单位月度绩效考核，成立联合电仪团队，促进电仪施工，成立突击队，重点突击剩余工作等，较好地推动了现场施工工作。

（2）预调试自主执行，培养预调试团队。MGS 二期在借鉴其他项目预调试经验的基础上，采取预调试自主执行模式，引进有经验的社会预调试人才，借鉴外籍预调试管理经验，注重人员的培养和锻炼，形成了一支既有经验又有活力的预调试团队。

2. 项目经营管理

1）团队管理

国际 EPC 工程项目，特别是"一带一路"背景下的国际 EPC 工程项目，除了具备国内 EPC 项目的特点之外，更具有国别和地缘政治特点，因此"一带一路"背景下的国际 EPC 工程项目，其项目管理团队必须要体现国际化和属地化特性。MGS 二期管理团队中，外籍员工的比例在 70% 以上，遍布设计、催交、质量、施工、预调试、商务、控制等关键岗位，设计经理、质量经理、预调试经理均为外籍员工。同时，结合业主阿美的本土化要求、当地劳务市场及项目接口多的特点，充分利用本土化人力资源、沙特籍工作票开票员和接收员等，做好与当地政府及阿美现役场站的沟通管理，均取得了很好的效果。

2）商务管理

保住经营成果，赚取利润是企业经营和管理的目标之一。国际 EPC 工程项目往往受到合同范围内工程量前期预计不足、工程执行过程中管理不善、项目所在国劳务政策及税收政策变化、分包单位经验不足、材料设备供应不及时等外部因素的影响，这些直接影响企业的经营利润，所以作为项目执行的主体，项目部层面的经营管理尤为重要。MGS 二期通过制定与实施一系列经营管理措施，包括分包单位月度考核、项目部月度绩效考核、项目部成本考核激励办法、成立分包结算管理小组等，将其贯穿于整个项目执行的始终，最大限度地保证了项目经营成果，为公司争取了最大利益。

3）进度管理

项目进度控制包括进度计划的编制、实施、跟踪监测、分析，并在出现偏差时作出调整。在 EPC 项目总承包模式下，进度控制贯穿从投标、设计、采购、现场施工到项目最后阶段的预调试及试运行整个项目周期。项目进度能否得到有效控制会影响项目最终能否成功履约，更会影响项目的经济效益，还会影响公司市场机遇，甚至会影响公司的形象，对于国际 EPC 工程项目更是如此。所以项目进度的有效控制不仅能给项目本身带来最大的经济效益，而且会提升一个公司在国际上的形象。项目进度管理从流程上分为计划的编制、跟踪及控制三个阶段，三个阶段紧密相连，相互促进，相互制约。

4）安全质量管理

按照主合同关于质量控制的要求，质量管理涉及采购质量控制、施工质量控制和质量保证三个方面，并进行相应的人员设置，确立了"精细化"质量管理思路，举行各种质量培训，对质量验收程序、各专业验收注意事项、内部报验单制度、内部不符合项等进行专项培训。沙特阿美对分包单位质量人员、质量标准要求苛刻，检查严苛，且阿美质量部不受阿美项目管理，是阿美项目质量管理的一大特点和难点。MGS 二期 EPC 项目质量指数（Project Quality Index，简称 PQI）一直保持在 94% 以上，最高达到 98.3%，远超阿美其他项目水平。注重质量管理的同时，项目人员牢记安全底线，制定了安全生产责任制，形成了自上而下，全员参与的安全生产管理，完善了各种安全管理制度，通过各种安全培训交底，确保了项目安全平稳。

5）资金风险管理

稳定的现金流是项目顺利开展的重要保障。MGS 二期项目根据预测情况提前制订项目未来融资计划和付款计划，为项目提供稳定的现金流。每月召开两次项目内部资金会，根据会议确认的付款计划，协调安排各分包商和供应商的资金支付。每月上报总部有关项目整体三个月的滚动资金计划，为总部资金使用效率最大化提供依据。

6）文件信息管理

文件信息管理是国际 EPC 工程项目管理至关重要的组成部分，涉及 EPC 项目的各个环节和专业，可为其他部门日常工作提供最基本的信息和辅助，但在实际项目执行中往往得不到足够重视。文件控制管理应与国际化接轨，紧跟时代科技发展的要求，特别是对于国际性大企业，在改制重组的大环境下，文控管理软件的使用势在必行。MGS 二期供应商文件管理采用了 ACONEX 管理平台，大大提高了供应商文件的传送和审批效率。重视文件控制的培训，特别是对于新加入项目的员工，基本的文件控制管理的培训帮助他们快速适应新的岗位，了解工作流程。注重文件分发和接收的时效性和针对性，做好各种分发接收记录，从而方便后续的跟踪和查找。

第5章
"一带一路"建设经典案例简析

5.1 东非亚吉铁路项目

5.1.1 项目概述

埃塞俄比亚是联合国认定的最不发达国家之一，工业基础薄弱，经济发展主要依赖国际贸易。作为内陆国家，埃塞俄比亚进出口货物主要依靠邻国吉布提的港口，使用其约90%的吞吐能力。吉布提地处红海、亚丁湾中节点，扼国际战略通道——苏伊士运河要冲，战略价值显著，是非洲之角地区最重要的港口、交通中心和通往非洲内陆国家的中转站。吉布提港进口的货物主要依赖低效的公路流向埃塞俄比亚首都周边，铁路缺失严重影响着埃塞俄比亚的经济发展。2010年9月，埃塞俄比亚政府明确了通过发展标准轨距铁路网来改善埃塞俄比亚现有交通运输基础设施的总体思路，正式提出了亚吉铁路这一新建铁路项目计划，并列入"五年增长转型计划"（图5.1-1）。

亚吉铁路是东非铁路网中建成通车的第一条标准轨干线铁路，具备区域互联互通条件，将极大地改善埃、吉两国的交通基础设施现状和物流贸易效率，并将辐射广大非洲内陆地区，推动区域协同发展。此前，货物从吉布提港到埃塞俄比亚首都需要至少一周时间，运费居高不下且运力严重不足。铁路建成后客货运输时间缩短至8小时，物流成本大大降低，运输安全性显著提高。项目被埃塞俄比亚和吉布提两国民众视为"通向未来的生命线工程"。亚吉铁路是一条以货运为主、客货列车共线运行的横跨非洲两国的骨干铁路，西起埃塞俄比亚瑟伯塔，途经重要城市阿达玛、迪雷达瓦，东到吉布提多拉雷港，全长约752公里，采用中国二级电气化铁路标准建设。设计客运时速120公里/小时、货运时速80公里/小时，初期运能设计为 600 万吨/年，远期通过复线改造可将运量提升至 1300 万吨/年。项目总投资约 40 亿美元（含机车车辆采购）。

整条铁路东段由中国铁建股份有限公司所属中国土木工程集团有限公司（简称"中土集团"）承建，西段由中国中铁股份有限公司所属中铁二局集团有限公司（简称"中铁二局"）承建，2011 年底签署项目协议，2015 年 6 月全线铺通。2015 年 8 月，埃塞俄比亚铁路公司和吉布提铁路公司组成联营体，对铁路运营管理权进行招标。2016 年 7 月 28 日，中土集团代表"中土集团与中国中铁股份有限公司联营体"与埃塞俄比亚铁路公司与吉布提铁路公司联营体签署了"亚的斯亚贝巴—吉布提铁路运营管理服务合同"，在未来六年为亚吉铁路的运营管理提供服务和技术支持。2016 年 10 月 5 日，亚吉铁路埃塞俄比亚段建成通车，2017 年 1 月 10 日，亚吉铁路吉布提段建成通车，2018 年 1 月 1 日，亚吉铁路开通商业运营。

图 5.1-1　东非亚吉铁路项目

5.1.2　工程管理措施

亚吉铁路是第一条由中国企业提供投资、规划、设计、施工、供应、运营和维护等全产业链服务的东非标准轨干线铁路，并采用中国标准建成的跨国电气化铁路。也称之为全产业链"走出去"的铁路。全产业链走出去+铁路沿线综合开发，成为可复制的"亚吉模式"全产业链把中国标准带出国。通过实施中国标准的铁路项目把全产业链带出去，实现了由产品输出的单一模式到产业能力输出的转变。目前，埃塞俄比亚和吉布提正在规划的铁路，基本都采取中国标准建设，中国铁路标准将成为埃塞俄比亚和吉布提自己的技术标准，有效完善了中国铁路在东非区域内的布局。通过铁路带动沿线经济发展，形成经济带，实现国际产能合作。中国企业在进行亚吉铁路建设和运营的同时，在铁路沿线参与投资和建设工业园区，打造亚吉铁路经济走廊，带动沿线经济发展，努力形成铁路与产业联动发展、相互促进的有利格局，为埃、吉两国的经济社会发展注入强大动力。同时，从单一项目建设到铁路沿线综合开发，中国企业多元化发展，初步形成了"以铁路项目为特色，工业园建设、公路、机场、港口等多领域协调发展"的 1＋N 承包工程业务格局。

由"建"到"管"，从 EPC 转向"建营一体化"，中国企业在运作亚吉铁路项目之初，就将参与今后运营维护考虑在内，实现从单纯的施工方到投资商、运营服务商的角色转变。从总承包的"交钥匙工程"转向"建营一体化"模式，实现从投融资、设计施工到运营在内的全产业链闭环，能够降低建设和运营环节间的交易成本，提升企业市场实力和项目整体效益，助力铁路更好地发挥其经济价值和社会价值。推进属地化，强化非洲当地能力，建设本项目劳务用工以当地人为主，并为非洲培育和储备一批了解、认同中国技术标准的属地化运营人才。项目累计在埃塞俄比亚雇佣当地员工 4 万人，在吉布提雇佣当地员工 5000 人以上。除普通劳务工人外，项目还雇用了大量当地高级雇员。为在随后六年将铁路运营技术传授给埃塞俄比亚方面，中土集团不仅派自己的铁路工程师、司机和技术人员到埃塞俄比亚去，对当地员工进行一对一教授，还在天津铁道职业技术学院对埃塞俄比亚员工进行培训。此外，依托铁路运营，中国企业将帮助两国建立自己的铁路制度和产业体系。

从零到一，中国精神成就铁路建设奇迹。

从平均海拔超过 2500 米的埃塞俄比亚高原到零海拔的吉布提，亚吉铁路线经过东非大裂谷，地形复杂破碎。当初，西方专家就该国铁路规划建设方案进行论证时一致认为，在基础设施落后、电力输送与基建材料供应掣肘的国家，建设一条电气化铁路是"绝不可能完成的任务"。但中国工程技术人员一步步"丈量"出铁路设计沿线地质水文资料，攻克一个个技术难关，为亚吉铁路设计出了一套经济实用的建设方案。建设者们克服高原缺氧、物资匮乏等困难，不畏艰险、不怕牺牲、勇敢果断、重信守义，以战天斗地的豪迈情怀逢山开路，遇水架桥。从 2014 年 5 月铁路正式铺轨，到 2015 年 6 月 750 公里铁轨全线铺通，用时仅 13 个月，再次创造了铁路建设的奇迹。

5.1.3 项目意义

亚吉铁路是海外首条集设计标准、投融资、装备材料、施工、监理和运营管理全产业链"中国化"的铁路项目,是"一带一路"的标志性成果。

亚吉铁路建成通车是埃塞俄比亚和吉布提发展史上的一个重要里程碑,建成通车将有力促进产业园区和重大项目在铁路沿线的布局,打造重要的经济带,为埃、吉两国的经济社会发展注入强大动力。亚吉铁路战略价值显著,可以发挥促进人员、商品和物资运输的互联互通以及带动区域经济繁荣的纽带作用。

亚吉铁路开创的"建设一条铁路,拉动一条经济带"的亚吉模式,也为中国扩大国际产能合作提供了新的发展思路。

5.2 莫桑比克马普托·卡腾贝大桥项目

5.2.1 项目概述

马普托·卡腾贝大桥分别由主桥、两座桥塔、缆索、吊索、引桥及各立交匝道组成,主桥路段呈西南至东北方向布置。线路全长 4.434 公里,主桥 1224 米,桥面为双向四车道城市主干路,设计速度为 60 公里/小时。马普托·卡腾贝大桥于 2012 年 9 月 20 日动工兴建;于 2017 年 10 月 25 日完成钢箱梁合拢工程,大桥全线贯通;于 2018 年 11 月 10 日通车运营。大桥是莫桑比克南部的跨海通道,位于马普托湾之上,是中国与莫桑比克两国基础设施合作领域代表性的项目之一,中国企业让莫桑比克人夙愿终于实现,无论是从历史维度还是使用寿命而言,马普托·卡腾贝大桥都可以被称为"百年工程"。这座"梦想之桥"以 4.434 公里的全长和 680 米的主跨成为非洲第一大悬索桥,是莫桑比克总统口中的精品工程,更是民众眼中的城市新名片(图 5.2-1)。

图 5.2-1 莫桑比克马普托·卡腾贝大桥项目

5.2.2 工程关键技术

马普托·卡腾贝大桥由中国交通建设股份有限公司所属中国路桥工程有限责任公司承建，中交路桥建设有限公司、上海振华重工（集团）股份有限公司参建，完全采用中国标准设计和施工非洲跨径第一大悬索桥，并通过了欧洲标准及南非规范的审核。通过这个项目，再一次验证了中国的技术和标准、中国的经验和能力在国际工程建设市场的地位。

马普托·卡腾贝大桥采用的关键技术为：猫道承重绳的非线性分析是猫道承重绳无应力长度和猫道大拉杆长度的计算依据，同时也是悬索桥上部工序能够有序开展的前提。

根据主缆实测线形进行索夹位置的精准放样，确保吊索安装后处于竖直状态，能按照设计状态传递吊索索力。采用主缆和钢箱梁理论线形进行吊索下料，提升了大跨度悬索桥施工的水平，为因受吊索加工制造、运输周期制约工期的工程提供了实例支撑。

采用全桥梁段整船运输，并配置旋转吊具的新型缆索吊机进行钢箱梁的安装，有效地解决了项目钢材的远洋运输问题，具有较好的经济和社会效益，助推了中资企业在欠发达地区进行大型桥梁工程建设的发展进程。

5.2.3 项目意义

马普托·卡腾贝大桥及连接线的正式贯通实现了莫桑比克人民的愿望，将有助于推动物流、旅游等行业发展，促进莫桑比克国民经济增长，并对区域一体化作出贡献。马普托·卡腾贝大桥建成后将成为马普托及以北地区通往南非的重要干线通道，将进一步完善马普托南部地区公路网结构，促进马普托南部地区的旅游业发展具有重要意义。

马普托·卡腾贝大桥项目在建设过程中遵循"一带一路"倡议提出的"共商、共建、共享"理念，项目除了大量采购使用当地的建筑材料，还带动国内钢材出口逾7万吨，出口设备价值超过6800万美元。同时，为莫桑比克累计创造了逾3700个就业岗位、培养了各类技术工人5000余名，真正实现了中非之间互利互惠、合作共赢。

5.3 巴西美丽山水电站二期项目

5.3.1 项目概述

巴西是拉美第一经济大国,地域辽阔,输电规模及互联电网跨度庞大,加之电力监管政策稳定,吸引了众多投资者的目光。早在2010年,国家电网有限公司(以下简称"国家电网")刚刚进入南美市场的时候,美丽山水电站项目就在筹划之中。

美丽山水电站是巴西第二大水电站,二期项目是国家电网首个在海外独立投资、建设和运营的特高压直流输电工程,也是"特高压+清洁能源"在拉美的示范工程。工程北起巴西北部的帕拉州,向南贯穿5个州,最终达到里约热内卢州,全长2518公里。

2019年10月25日下午,在中国国家主席习近平和巴西总统博尔索纳罗的共同见证下,国家电网有限公司董事长寇伟和巴西矿产能源部部长阿尔布开克在北京人民大会堂共同签署了美丽山二期工程运行许可。这标志着该工程正式投入商业运行(图5.3-1)。

图 5.3-1 巴西美丽山水电站项目

5.3.2 技术优势和建设难点

1. 技术优势

中国电力传输技术已经成为中国技术走出去的核心竞争优势。中国与巴西在国内用电方面都存在远距离输电等问题,这就为能够适应巴西环境和条件的"中国制造"技术走进巴西奠定了良好基础。

在超远距离特高压输电技术方面,中国是为数不多的能够提供该项技术的国家。这一技术优势为国家电网中标巴西美丽山水电站特高压直流输电项目创造了条件。

巴西电力资源集中在北部亚马孙河流域,用电领域集中在东南部的工业中心,如何实现"北电南输"一直是亟待解决的难题。巴西美丽山水电站项目依托特高压输电直流输电技术,有效缓解了巴西存在的电力供应短缺的问题。

2. 工程建设难点

美丽山二期项目是中国企业在海外独立投资、建设、运营的首批特高压输电项目。

项目在建设过程中面临着恶劣气候条件带来的挑战。巴西北部气温常年在38摄氏度左右,最高气温达46摄氏度,且每年约6个月持续雨季,多暴雨,年降水量1800毫米。

野外施工对道路要求较高,而巴西基础设施建设较薄弱,施工区多土路,小桥多,承压能力弱,增加了雨季野外施工特别是将重型设备运抵施工区域的难度。

连续暴雨情况下的施工效率只有旱季时候的20%左右。为了提高雨季的施工效率,项目团队也采取了相应的对策:一些重型材料提前运至施工区;旱季时候优先进行难度较大的任务;在雨季时候缩减资源以维持项目的运作。

除了面临天气的挑战,项目建设面临环评方面的挑战。为了达到环评要求,项目在方案制定中充分考虑了以下因素:一是尽可能实现施工线路为环境绕道;二是如果在规划路径里涉及珍稀物种栖息,则重新规划、绕道而行;三是对于树木砍伐后的环境修复、动物巢穴迁移等也进行了相关准备。

3. 项目管理效果

项目部注重施工策略和增强团队的凝聚力。在项目施工中,考虑到地质、天气等因素,项目团队采取均衡施工的办法,即考虑到山区高低起伏大、存水少,地质相对硬,受雨季影响相对较小,因此雨季时多在山区和主路附近施工,从而保持比较均衡的生产效率。在劳工激励方面,项目团队采取每月工作量设置基数、超额完成则给予奖励的举措,有效提高员工的积极性。

美丽山二期项目严格履行环保责任，是巴西近年来第一个零环保处罚的大型工程，获评 2019 年度"巴西社会环境管理最佳实践奖"。2020 年 12 月 27 日，巴西美丽山二期项目荣获第六届"中国工业大奖"，成为首个获得"中国工业大奖"的中国企业海外项目。

5.3.3 项目意义

美丽山水电站将巴西北部的清洁水电源源不断地输送至东南部负荷中心，为巴西打造了一条"电力高速公路"。巴西有 2200 万人口受益于这个项目，相当于巴西总人口的 10%。这个项目被誉为中巴两国经贸领域合作共赢的一张"金字名片"，是中国电网工程技术领域在海外结出的又一硕果。美丽山二期项目安全、高质量投运，给巴西经济社会发展提供了不竭能源动力。这个特高压输电项目有效解决了巴西北部亚马孙河流域清洁水电外送和消纳的难题，实现了中国特高压直流输电技术、电工装备和运行管理一体化走出去，推动了中国高端技术及其装备走向世界，带动了巴西电力技术的进一步升级，为巴西能源安全稳定供应贡献了"中国方案"。

国家电网布局巴西，当地的劳动者因此受益。公司坚持本地化运作，按照合作共赢原则，在巴西投资项目极大带动了当地电工装备上下游产业链发展，并为巴西提供了大量就业岗位，造福了当地人民。根据统计，国家电网巴控公司成立 9 年来，累计投资绿地项目近 165 亿雷亚尔（约合 280 亿元人民币，单位下同），当地实现税收超过 60 亿雷亚尔（约合 102 亿元），直接或间接创造就业岗位达 10 万个，产生了积极的社会影响。

结　束　语

2013年,习近平主席着眼人类前途命运及中国和世界发展大势,提出"一带一路"倡议。在各方共同努力下,累计150多个国家、30多个国际组织签署了合作文件。"一带一路"务实合作持续深化,为各国发展经济、增加就业、改善民生作出了积极贡献,已经成为深受欢迎的国际公共产品和国际合作平台。

中国石化工程建设有限公司（SEI）是与共和国同步成长的工程设计企业,经过70年的发展,始终秉承"用精品工程为人类绘制石化宏伟蓝图"的使命,锚定"创建世界一流工程公司"的宏伟目标,坚定不移地实施创新驱动、共享合作、服务增值、文化强基发展战略,凝练了以"宽松融洽、严格规范、竞争创新、乐业奉献"为核心内涵的企业文化,本着"诚信为本,合作共赢"的经营理念,凭借雄厚的技术实力、丰富的设计和管理经验,在石油炼制和石油化工、煤液化和煤化工、天然气加工、环境工程与公用工程等诸多领域,为国内外客户提供了全面优质的工程服务,践行了"永久对工程负责"的誓言,在国内外能源化工建设领域赢得了良好的声誉。

党的十八大以来,SEI紧跟"一带一路"建设步伐,大力拓展境外市场,业务区域已经由最初的伊朗市场,扩大到以中东、东南亚地区为主,覆盖美洲、非洲、俄罗斯及中亚等地区20多个国家,业务类型由单一的EPC总承包扩展到以EPC、EPCC总承包和工程设计为主,逐步向工程咨询、技术许可等高端业务范围,积累了宝贵的经验。

未来国内外石化工程建设市场仍将保持稳定发展态势。SEI将认真学习贯彻习近平新时代中国特色社会主义思想和党的二十大精神,围绕EPC业务的核心要求,构建关键能力要素:一是核心技术与设计能力,包括核心工艺包、详细设计能力与经验等;二是关键设备制造或采购能力,例如,关键设备的供应能力和长周期设备的采购管理能力；三是项目管理能力和项目经验积累，以保证项目按期、准时、保质交付；四是客户资源与关系维护能力，拥有稳定的上下游绑定关系并形成高效的客户关系维护体系。同时，大力推动数字石化工程建设，以此促进我国石化工程领域的高质量发展。

参 考 文 献

[1] 费利群. 经济全球化与我国经济发展战略选择问题研究［M］. 济南：山东人民出版社，2009.

[2] 胡必亮，武岩，范莎. 全球化与新农村——广东雁田村个案研究［M］. 重庆：重庆出版社，2016.

[3] 胡必亮. "一带一路"建设与全球化转型［N］. 光明日报，2017-5-13（8）［2017-05-13］.

[4] 胡必亮，刘清杰，孙艳艳，等. "一带一路"与全球化转型［J］. 经济研究参考，2017（55）.

[5] 金碚. 论经济全球化3.0时代—兼论"一带一路"的互通观念［J］. 中国工业经济，2016（1）.

[6] 裴长洪，刘洪愧. 习近平经济全球化科学论述的学习与研究［J］. 经济学动态，2018（4）.

[7] 徐坚. 逆全球化风潮与全球化的转型发展［J］. 国际问题研究，2017（3）.

[8] 张燕生. 经济全球化前景与中国抉择［J］. 宏观经济研究，2014（12）.

[9] 郑必坚. 中流击水：经济全球化大潮与中国之命运［M］. 北京：外文出版社，2018.

[10] 建设部工程质量安全监督与行业发展司. 建设部政策研究中心，中国建筑业改革与发展研究报告（2007）——构建和谐与创新发展［M］. 北京：中国建筑工业出版社，2007.

[11] 尤完，赵金煜，郭中华. 现代工程项目风险管理［M］. 北京：中国建筑工业出版社，2021.

[12] 谢颖，王要武. 我国建筑业改革开放的成长轨迹及对策研究［J］. 工程管理学报，2010，24（2）：119-124.

[13] 中国建筑业协会. 2021年建筑业发展统计分析［J］. 中国建筑业，2022（1）：37-46.

［14］西安建筑科技大学. 中国建筑业技术进步研究报告［R］. 2010

［15］中国建筑科学研究院. 中国建筑业节能减排研究报告［R］. 中国建筑业协会，2010.

［16］许丹超. 论动态控制房地产项目目标成本. 福建建筑［J］. 2010（1）：135-136.

［17］陈涛. 关于做好房地产工程项目成本管理的思索［J］. 科技致富向导，2010（15）：265-326.

［18］王少锋. 探讨施工项目进度控制［J］. 四川建材，2007（1）：115-116.

［19］胡永华，姜桦. 浅谈工程项目施工进度动态控制［J］. 科技咨询导报，2007（29）：49-50.

［20］余燕君. 施工项目进度控制［J］. 湖北水利水电职业技术学院学报. 2008（2）：14-16.

［21］马艺峰. 创新项目管理模式，提升电力工程管理水平［J］. 企业技术开发，2012（4）：50-51.

［22］钦甜. 项目管理在建筑施工企业科技创新管理中的应用研究［J］. 现代国企研究，2015（20）：26-28.

［23］乐云. 工程项目管理（上）［M］. 武汉：武汉理工大学出版社，2011.

［24］卢彬彬，郭中华. 中国建筑业高质量发展研究——现状、问题与未来［M］. 北京：中国建筑工业出版社，2021.

［25］逯森林. 工程项目管理的发展问题初探［J］. 科技资讯，2007（28）：210-211.

［26］蒋卫平，喻可泽，杨正勇. 浅议我国工程项目管理发展［J］. 项目管理技术，2008（11）：60-63.

［27］刘华，孙海燕，杨志奎. "一带一路"倡议背景下对外工程承包影响因素研究——以陕西省为例［J/OL］.［2022-03-17］. 西安理工大学学报，2022，1：1-10.

［28］孙洪昕，尤日淳，唐文哲. 国际工程HSE管理和项目绩效影响因素分析［J］. 清华大学学报（自然科学版），2022，62（2）：230-241.

［29］张宇翔，赵国堂，周国华，等. 国际复杂工程项目合作网络演化研究［J］. 软科学，2021，35（7）：136-144.

［30］路铁军，韩雅. 疫情影响下国际工程承包商索赔分析［J］. 建筑经济，2021，42（6）：39-42.

［31］李者聪. 对外承包工程空间溢出性与东道国经济增长——"一带一路"沿线非洲国家的实证分析［J］. 国际商务研究，2021，42（6）：35-46.

［32］路铁军，史翠荣. 国际工程保函实务分析与风险管理［J］. 国际经济合作，2021（1）：78-83.

［33］贺炎林，张杨，范言慧. 经验、产业集聚与"一带一路"PPP项目的成功率［J］.

国际经贸探索, 2021, 37（3）: 47-64.

[34] 王璟璇, 张何灿, 徐舒扬. 基于大数据的"一带一路"海外项目风险动态监测指标体系研究[J]. 电子政务, 2021（2）: 64-74.

[35] 胡建谅. "一带一路"建设项目风险管理实践与探索——以埃塞俄比亚某工程建设项目为例[J]. 建筑经济, 2020, 41（9）: 34-38.

[36] 秦颖, 冯晓阳, 孙丽梅. 我国工程建设标准在"一带一路"沿线国家应用的影响因素研究[J]. 建筑经济, 2020, 41（11）: 14-18.

[37] 周经, 王旭. "一带一路"倡议下东道国制度环境与中国企业"走出去"——来自中国对外承包工程的经验证据[J]. 财经科学, 2020（3）: 80-91.

[38] 许劲, 曹阳, 于全辉. "一带一路"背景下中国对外承包工程的国别环境评价研究[J]. 重庆大学学报（社会科学版）, 2020, 26（3）: 1-18.

[39] 梅震宇, 金峰. 国际工程项目风险管理最佳实践及启示[J]. 国际经济合作, 2020（6）: 148-156.

[40] 辛灵. 国际工程承包市场新特点及前景[J]. 国际经济合作, 2019（1）: 38-43.

[41] 吕文学, 韦钰欣, 刘博文. 跨学科视角下的国际工程共同体[J]. 国际经济合作, 2019（6）: 116-122.

[42] 窦尔翔, 同勤学, 刘峻榜. "一带一路"PPP项目政府信用风险治理研究——基于TIF（塔福）域理论视角[J]. 陕西师范大学学报（哲学社会科学版）, 2019, 48（6）: 53-62.

[43] 张晓涛, 刘亿, 王鑫. 我国"一带一路"沿线大型项目投资风险——东南亚地区的证据[J]. 国际贸易, 2019（8）: 60-71.

[44] 何凡, 曾剑宇. 我国对外承包工程受双边关系影响吗?——基于"一带一路"沿线主要国家的研究[J]. 国际商务研究, 2018, 39（6）: 57-66+94.

[45] 郑一争, 宣增益. "一带一路"建设中对外工程承包的法律风险及应对[J]. 河南大学学报（社会科学版）, 2018, 58（2）: 61-67.

[46] 周家义. 构建新时代新战略下国际工程合作创新体系[J]. 宏观经济管理, 2018（6）: 58-63.

[47] 黄河, 邹为. 中国建筑企业在"一带一路"沿线基础设施投资的政治风险及其管控[J]. 云南大学学报（社会科学版）, 2017, 16（4）: 104-113.

[48] 李皓燃, 陈航, 李启明, 等. 中国国际工程承包商发展策略研究——基于2000—2015年全球最大250家国际工程承包商业绩数据的分析[J]. 国际经济合作, 2017（4）: 27-33.

[49] 吴涛. "一带一路"与建筑业"走出去"战略研究[M]. 北京: 中国建筑工业出版社, 2016.

[50] 尤完. 建设工程项目精益建造理论与应用研究[M]. 北京: 中国建筑工业出版

社，2018.

［51］郭中华. 建筑业高技能人才的培养模式［J］. 工程研究，2021（2）：58-64.

［52］郭中华. 建筑施工安全生产监管模式的事故作用机理及有效性评价［J］. 公共管理学报，2021（10）：63-77.

［53］肖绪文，等. 建筑业绿色发展与项目治理体系创新研究［M］. 北京：中国建筑工业出版社，2022.